Delabar: Kollateralschäden der Gerechtigkeit

Walter Delabar

Kollateralschäden der Gerechtigkeit

Inszenierungen von Recht und Gerechtigkeit im Krimi

edition
science & culture

Impressum
ebooknews press © 2016
Verlag Dr. Ansgar Warner
Rungestr. 20 (V)
10179 Berlin
ISBN: 9783944953526
Coverbild:
Orange County Archives
Garden Grove police officers, o.J.
(Ausschnitt)

Inhalt

Kollateralschäden der Gerechtigkeit

I. Eine Initialgeschichte. – Wenn dem Vater die Tochter abhanden kommt und das Rechtssystem weder helfen kann noch helfen will, dann ist zweifelsohne der Vater im Recht, wenn er sich – angefeuert von seiner geschiedenen Frau – selbst dazu ermächtigt, die Entführer zu verfolgen und die Tochter zu befreien. Pierre Moreis Thriller „96 Stunden“ (96 Hours, Frankreich 2008), der mit Liam Neeson in Sachen Gerechtigkeit prominent besetzt ist, inszeniert die väterliche Rettungsaktion aber nicht allein als legitime Selbsthilfeaktion, sondern als Gewaltorgie und Serienmord. Der vormalige Darsteller eines „Gerechten“ (Schindler's List, USA 1993) zehrt offensichtlich in der öffentlichen Wahrnehmung von seiner großen Rolle und überträgt deren Auszeichnung anscheinend immer noch auf neue Rollen, wenngleich verstärkt in Umkehrungen. So war er bereits in „Batman begins“ (USA 2005) als selbstgerechter Kämpfer gegen das Böse in der Welt besetzt worden, der sich freilich gegen den nicht minder eigengesteuerten fledermausähnlichen Superhelden nicht nachhaltig durchzusetzen vermochte.

Während sich der von Neeson vorgestellte Kämpfer für die Gerechtigkeit in „Batman begins“ aber offensichtlich verrannt hatte und mit seinen diabolischen Plänen knapp scheiterte, ist der Vater in „96 Stunden“ sehr, sehr erfolgreich.

Dabei hilft, dass er sich in einem früheren Leben, das er noch nicht der vernachlässigten Tochter gewidmet hatte, einige Kompetenzen angeeignet hat. Als ehemaliger amerikanischer Geheimagent ist er nicht nur ein ungemein kampfkräftiger Zeitgenosse (Faust, Schusswaffe, Messer), der sich auch gegen eine vielköpfige Überzahl durchzusetzen versteht. Er fährt besser Auto als seine Kontrahenten und hat zudem eine ungemein erfolgsträchtige Such- und Recherchekompetenz, die durch Foltertechniken und enorme Skrupellosigkeit komplettiert wird, um nur einige seiner Ausstattungen vorzustellen. Dass ihm modernste Technik, die nötige Anwenderkompetenz und auch noch ein Privatjet zu Gebote stehen, kann ihm bei seinem Ziel nur hilfreich sein. Und das Ziel ist, seine Tochter aus den Händen einer skrupellosen albanischen Mädchenhändlerbande zu befreien, die in Paris ihr Unwesen treibt.

Die Gangster fangen junge, naive (hier amerikanische) Frauen am Pariser Flughafen ab und machen sie, je nach Schönheit und Unberührtheit, entweder zu einfachen Prostituierten oder versteigern sie – als höherwertig – an den Meistbietenden. Die Prostitutionskarriere endet in der Drogensucht und im Tod, wie das Beispiel der nach Paris mitgereisten, deutlich wagemutigeren Freundin der Tochter zeigt. Die Alternative ist die Yacht eines arabischen Magnaten, der auf

Jungfrauen aus ist. Um seiner Tochter eines von beiden Schicksalen zu ersparen, bleiben dem Helden der Geschichte „erfahrungsgemäß" nur 96 Stunden Zeit, was den Titel des Films erklärt.

Statt sich nun aber in der Zeitnot hilfesuchend und normal hilflos an die Pariser Polizei zu wenden, nimmt der Vater die Sache selbst in die Hand, fliegt nach Paris, tötet geschätzt etwa dreißig bis vierzig Gangster und befreit, am Ende immerhin leicht verletzt, die Tochter. Die Mutter dankt es ihm, zurück in den USA. Lediglich die verbundene Hand des Helden deutet darauf hin, dass die Aktion mehr als nur ein Ausflug in die Metropole des Eros war.

Das Lächeln im Gesicht des erleichterten Vaters soll freilich darüber hinwegtäuschen, dass der Held der Gerechtigkeit von erbarmungsloser Skrupellosigkeit ist: Den Kopf der albanischen Bande foltert er erst mit Stromstößen und bringt ihn dann mit seinem selbstgebastelten Elektroschocker um. Um aus einem ehemaligen französischen Geheimdienstkollegen Informationen zu pressen, schießt er dessen unbeteiligter Frau in die Schulter, um lakonisch zu kommentieren, dass das eben die Konsequenz sei, wenn einem der Schreibtisch wichtiger geworden sei als die gerechte Sache.

Denn um die gerechte Sache geht es in diesem Kammerstück der Selbstjustiz: Wie könnte jemand anderer Meinung sein, als dass die Befreiung der Tochter, deren erster Ausflug in die vaterfreie Zone auf der anderen Seite des Atlantiks gleich in den Fängen einer Mädchenhändlerbande endet, jede Tat adelt? Es ist eine gefährliche Welt da draußen (Europa), angereichert mit sexuellen Drohungen (Paris), weiß der Vater, und in ihr können die Gerechten nur dann bestehen, wenn sie sich nicht als schwach, sondern als wehrhaft erweisen, wie der Protagonist den versammelten albanischen Mädchenhändlern bekannt gibt, bevor er sie niedermetzelt.

Dass der Verteidiger der freien Welt deren basale Prinzipien nicht nur verletzt, sondern nachhaltig suspendiert, kommt ihm dabei weder in den Sinn, noch ist diese Einsicht Teil der erzählten Geschichte. Ganz im Gegenteil, indem er das Gewaltmonopol des Staates aushebelt, die zuständigen Behörden umgeht (die freilich vorrangig den Schutz der Institution verfolgen und zudem von korrupten Beamten diskreditiert sind), sämtliche rechtsstaatlichen Verfahren ignoriert und nicht zuletzt die Rechte auch der Täter außer Kraft setzt, sieht er das System, das heißt konkret jedoch jene Welt, in der die Farbe der Küchenwände noch Bedeutung hat (The Untouchables, USA 1987), als gerettet an. Der Film endet zwar nicht in der Restitution der heilen Familienwelt – der reiche Neugatte bleibt, die Patchworkfamilie setzt sich als Standard durch –, aber der Vater gewinnt die Tochter, die er zuvor zu verlieren drohte, zurück und eröffnet ihr eine eigene, soll heißen von ihm vermittelte Lebensperspektive als Sängerin. „Mal sehen, was sie drauf hat." Der Lohn ist also sein. Und dabei spielt es keine Rolle, dass die Welt, in der er lebt, gerade durch ihn selbst in Trümmer gelegt worden ist.

II. Die Ökonomie der Rache. – Geschichten dieser Art häufen sich in den letzten Jahren in den verschiedenen Formaten des Krimigenres. Das Muster ist zwar alt, mindestens vierzig Jahre, wie der Verweis auf „Ein Mann sieht rot" (Death Wish, USA 1974) zeigt. Aber seine Durchsetzungskraft scheint zu steigen. Nicht immer ist die Durchführung gleich konsequent wie in „96 Stunden". Als Alternative steht der legalistische Blackcut zu Gebote wie in der 2012 im deutschen Fernsehen gesendeten ersten Staffel der britischen Serie „Luther" (GB 2009), in der der Protagonist, ein Ermittlungsbeamter, einen Serienmörder und Kinderschänder willentlich in den Tod stürzen lässt. Erst Monate später kehrt der, wie der Ankündigungstext weiß, traumatisierte Kriminalbeamte wieder ins Berufsleben zurück, wobei nicht eindeutig geklärt wird, ob das Trauma in seiner Suspendierung oder in seinem Akt der Selbstjustiz begründet liegt. Um den Protagonisten von einer solchen dilemmatischen Situation zu entlasten (der Repräsentant der Legalität agiert moralisch, wird dadurch aber kriminell), kann die Verantwortung für das translegale Verhalten auf die Erzählung selbst übertragen werden: In Leif GW Perssons „Der sterbende Detektiv" (deutsch 2011; Den döende dedektiven, Schweden 2010) kann der Hauptakteur die gesamte Geschichte lang auf die Einhaltung von Rechtsverfahren pochen und dabei sogar den Verzicht auf die Bestrafung des Verbrechens riskieren. Bevor der Täter jedoch entkommt, stirbt der Repräsentant der Legalität und die legitime Rache kann ihren Akteur und ihre Exekution finden. Der private Henker wird am Ende selbst aber nicht bestraft, sondern mit einer amerikanischen Karriere belohnt.

Legales und legitimes Verhalten können auf diese Weise voneinander getrennt und auf verschiedene Figuren verteilt werden, sodass beide Handlungsmuster einander nicht kontaminieren. Das erlaubt, den Hauptakteur weiterhin der Legalität zuzuordnen, während der Assistent des Guten, der legitime, aber böse Taten verübt, anschließend wieder aus dem offiziellen Leben getilgt werden kann. Die Identifikationsfiguren des Genres sollen wohl die Grenzen des rechtsstaatlichen Systems, das sie repräsentieren, nicht übertreten, auch wenn sie im persönlichen Auftrag unterwegs sind. Diese Aufgabe überlassen sie Figuren, die diesen Schritt in der Regel längst hinter sich gebracht haben und sich selbst durch die Gegentat aufwerten können.

Verglichen mit diesem Muster macht „96 Stunden" einen Schritt weiter in Richtung Delegitimierung des Legalen. Eine losgelassene Moral spielt hierbei die zentrale Rolle, die auf vormoderne Rechtsprinzipien zurückgreift, mithin auf die Rache. Rache ist in diesem Zusammenhang als direkte Reaktion auf einen Gewaltakt gedacht.

Ziel ist die Ausbalancierung von Tat und Strafe, verbunden mit der Personalisierung der Verhältnisse: Opfer, Täter, Tat, Strafe und Strafender werden individualisiert, das Verhältnis ist einfach und direkt. Es wird dabei aus der Komplexität, Abstraktion und Flüchtigkeit der modernen Gesellschaft abgelöst. Tat und Strafe sollen wieder konkret werden und aufeinander bezogen sein, auch wenn die Verhältnisse nicht so sind.

Gegen dieses Muster sind alle Argumentationsformen wirkungslos, die mit der strukturellen Fehlerhaftigkeit des Racheprinzips und mit den Endlosschleifen rechnen, die es auslösen kann, wenn alle regulierenden gesellschaftlichen Institutionen fehlen. Niemand kann wissen, ob die Gewissheit, den Täter vor sich zu haben, zutrifft. Niemand ist derart ohne Fehl, um als strafende Instanz unangefochten zu sein. Und niemand kann sich dessen sicher sein, dass die rächende Tat zum Ende der Gewalt führt und nicht zu einer endlosen Kette sich aufeinander beziehender Grausamkeiten.

Der Untergang der Nibelungen, wohl zu Beginn des 13. Jahrhunderts in der uns bekannten Fassung niedergeschrieben, argumentiert bereits gegen die Rache mit deren mangelnder Bewältigbarkeit und Begrenzbarkeit. Da niemand in die Verhältnisse am Wormser Hof Gunthers eingreifen kann, kann der Königinnenstreit eskalieren und zum Tod Siegfrieds führen. Dieser Tod, ausgeführt durch Hagen, ist keine willkürliche Aktion, sondern politisch notwendig, ist Siegfried doch eine dauernde Gefahr für die Herrschaft Gunthers und die Vorherrschaft der Zivilisation. Aber dieser Akt der Staatsraison schlägt auf mittlere Sicht bereits in sein Gegenteil um, versetzt er doch den zivilisierten Wormser Hof zurück in die barbarische Ära, in der die Rache das einzige soziale Steuerungsprinzip ist, das zudem mit dem Risiko unbewältigbarer Eskalation verbunden ist. Denn die Solidarbeziehungen reichen durch Familienbande und Lehensbeziehungen tendenziell ins Ganze, was dazu führt, dass immer mehr Unbeteiligte in das Schlachtfeld des Nibelungenlieds gezogen werden.

Aber dieses Risiko ist in der Moderne, die in ihren zivilisierten Teilen nicht mehr vorrangig durch Verwandtschaftsbande strukturiert ist, sondern durch Sachbeziehungen, deutlich reduziert. Lediglich familial strukturierte Sozialbereiche wie die Mafia des Kriminalromans agieren noch nach der Unbedingtheit der Gruppensolidarität: Wer einen Repräsentanten der Familie angreift, greift die Familie an, erzeugt also unbedingte Solidarität (auch wenn jede Familie von Verrätern und Abtrünnigen durchzogen ist).

Außerhalb dieser Restbereiche vorzivilisierter Solidarverbände ist Solidarität auf die direkten Verwandten ersten Grades fokussiert: auf die Eltern, die ihre Kinder rächen, auf die Kinder, die dies ihren Eltern zum Gedächtnis tun, oder auf die Geschwister, die einander gegenseitig verpflichtet sind. Damit sind die Handlungsketten bereits abgeschlossen, denn die Täter-Opfer haben in der Regel niemanden, der verpflichtet ist, aus Solidarität mit ihnen zu töten, zu grauenhaft ist ihre Tat und zu solipsistisch ist die Struktur der modernen Gesellschaft. Rache in der Moderne scheint also ein Problem gelöst zu haben, das der Unendlichkeit ihrer Wirkung. Moral darf töten und muss die Gegentat nicht fürchten.

III. Die Logik der Moral. – Moral als Legitimität stiftende Instanz scheint sich vom Rechtssystem abzukoppeln, obwohl sie darin für das jüngere Rechtsverständnis eine basale Rolle spielt: Als obrigkeitsstaatliches Regulierungsverfahren ist das Recht mit Moral a priori nicht verbunden, ist Moral doch Ausdrucksform des Subjekts, wie Hegel meint: „[D]er moralische Standpunkt [ist] in seiner Gestalt das Recht des subjektiven Willens“.[1] Erst mit der Aufklärung, der Durchsetzung naturrechtlicher Denkmuster und der politischen Emanzipation des Bürgertums rückt die Moral in eine zentrale Position, da das Recht nicht mehr allein aus der Herrschaft begründbar ist, sondern allgemeinen, von allen teilbaren Grundsätzen gehorchen muss. Mit ihr wird eine egalitäre Struktur durchgesetzt, in der dem Basiselement von Gesellschaft, dem Individuum, Eigenschaften zugewiesen werden, die allgemein und unveräußerlich sind. Diese Engführung von gesellschaftlicher Ordnung, der Sanktionierung von Regelverstößen und der egalitären Basis von Gesellschaft führt, folgt man Jürgen Habermas, zu einer Konstruktion, in der das Recht nur dann anerkennbar ist, wenn es auf abstrakte, formalisierte und zugleich konsensuelle Verfahren zurückgeht, an denen jeder Einzelne grundsätzlich gleichermaßen beteiligt ist. Die Geltung des Rechts ist so gesehen an die Demokratie als gesellschaftliche Organisationsform gebunden: „Kein autonomes Recht ohne verwirklichte Demokratie.“[2]

In einem solchen Rechtsverständnis ist das Individuum zwar immer noch schuldfähig, aber es verliert keineswegs seinen humanen Status. Der Täter ist immer noch ein Individuum, das Rechte besitzt und sie beanspruchen kann, zum Beispiel auf das Recht auf ein reguliertes und faires Verfahren, in dem über Schuld

---

1 Georg Wilhelm Friedrich Hegel: Grundlinien der Philosophie des Rechts oder Naturrecht und Staatswissenschaft im Grundrisse. Mit Hegels eigenhändigen Notizen und den mündlichen Zusätzen (= Hegel, Werke, hg. von Eva Moldenhauer, Bd. 7), Frankfurt/Main 1986, § 107, S. 203.

2 Jürgen Habermas: Faktizität und Geltung. Beiträge zur Diskurstheorie des Rechts und des demokratischen Rechtsstaats, Frankfurt/Main 1992, S. 599.

oder Unschuld geurteilt wird. Der entdeckte Täter wird zwar für seine Tat bestraft (wenn er verurteilt wird), seine Tat, so abscheulich sie auch sein mag, legitimiert jedoch keineswegs, ihm gegenüber übermäßig gewalttätig zu werden, ihn zu foltern oder ihn zu töten. Polizisten dürfen Gangster verfolgen, sie niederschlagen oder niederschießen, um sie festzunehmen, aber sie nicht mutwillig verletzen oder gar töten.

Von der Pflicht zur Gewaltfreiheit gibt es zwar Ausnahmen: Das Gewaltmonopol des Staates auf der einen Seite und die individuelle Notwehr auf der anderen gehören dazu, auch – wenngleich mit Schwierigkeiten – die Abwehr von größerem Schaden für Menschen und Sachen. Und sicherlich hat der Tyrannenmord die Chance auf eine weitgehende Straffreiheit.

Das Rechtssystem seinerseits stützt sich mit gutem Grund auf ein abstraktes und distanziertes Verhältnis zum Täter und zur Tat. Das System straft zwar, und seine Akteure sind durchaus von individuellen Motiven geleitet, aber eine persönliche Verbindung zwischen Täter und den Instanzen, die nach ihm fahnden oder über ihn Recht zu sprechen haben, wird tunlichst vermieden. Befangenheit ist keine angemessene Haltung in diesem Kontext.

Denn wenn in die bürgerlichen Rechte eines Individuums soweit eingegriffen werden soll, dass dessen Bewegungsspielraum auf Jahre hinweg eingegrenzt wird, müssen nachvollziehbare Verfahren und belegbare Gründe bemüht werden. Das Urteil darf eben nicht auf Gewissheit oder Intuition beruhen. Uwe Wesel hat in seiner Einführung in die Rechtskunde darauf verwiesen, dass jemand nur dann bestraft werden könne, „wenn seine Handlung tatbestandsmäßig, rechtswidrig und schuldhaft ist.“[3] Das heißt, es muss definiert werden, was rechtskonformes und rechtswidriges Verhalten ist, in welchen Fällen eine Tat die notwendigen Kriterien erfüllt, um rechtswidrig zu sein, und die Tat muss schuldhaft begangen worden sein (was wiederum von Unwissenheit zu unterscheiden ist). Für die Verurteilung selbst müssen schließlich hinreichende Nachweise vorliegen, Tat und Täter müssen also plausibel gegenüber Dritten zueinander in Verbindung gebracht werden können. Gelingt dies nicht, kommt der vermeintliche Täter frei, auch gegen jede Gewissheit, in ihm den Schuldigen gefunden zu haben. Schuldgewissheit und Schuldbeweis treten also im modernen Rechtsverfahren auseinander.

Dass der Schuldbeweis als Regulierung überhaupt akzeptiert wird, liegt allerdings nicht zuletzt daran, dass er – anders als die Folter – erfolgreich genug ist, Schuldige in ausreichender Anzahl zu überführen, unabhängig davon, ob die Stra-

---

3 Uwe Wesel: Juristische Weltkunde. Eine Einführung in das Recht. 8., vollst. überarbeitete und aktualisierte Neuaufl. Frankfurt/Main 2000, S. 132.

fe als hinreichend verstanden wird. Er führt mithin zur Entlastung von Individuen.

Es braucht Beweise, oder wenigstens starke Indizien, um zu einer Verurteilung zu gelangen. Dabei ist weder der Täter noch sein Verteidiger dazu verpflichtet, die Wahrheit offenzulegen. Beide dürfen schweigen und sogar lügen, wenngleich sie für Letzteres gegebenenfalls mit Sanktionen zu rechnen haben. Das Recht zum Selbstschutz auch vor Strafe ist hoch genug, das Gegenteil wäre zumal nicht durchsetzbar, ohne zumindest den Status des Strafverteidigers derart zu diskreditieren, dass er verzichtbar würde. Der Strafverfolger, der den Verteidiger bestraft, weil er das Rechtsystem außer Kraft setze, wie dies – in extremis – in der dritten Staffel von „Dexter" (USA, DVD 2011) geschieht, betreibt die Suspendierung des Rechtssystems seinerseits noch extremer (wie insgesamt der Serienkiller Dexter als Arm der Gerechtigkeit das hier geschilderte Motiv ins Extrem vorantreibt).

IV. Mediale Zurichtungen. – Zugleich wird der Status des Strafverteidigers als Organ der Rechtspflege durch seine Parteinahme für seinen Mandanten, mithin seine Nähe und seine angenommene Identifikation mit den Taten seines Mandanten angegriffen: Selbstverständlich gehört im Mafia-Klassiker „Der Pate" (The Godfather, USA 1972) der Rechtsanwalt Tom Hagen – welcher Name käme sonst in Frage? – zum näheren Umfeld Vito und Michael Corleones, er ist einer ihrer engsten Berater und ist vor allem damit beschäftigt, das Verhältnis zur bürgerlichen Öffentlichkeit zu stabilisieren. Wenn Michael Corleone später vor einem öffentlichen Tribunal zu seinen kriminellen Aktivitäten angehört wird, wird er von seinem Anwalt begleitet und beraten. Wenn Vito Corleone Kontakt mit wem auch immer aufnimmt, dann schickt er seinen Anwalt Hagen. Der Anwalt ist damit Teil der kriminellen Struktur, unabhängig davon, dass der Sohn Michael anfangs vergeblich versucht, das Reich seines Vaters in die Legalität zu transformieren (was die Aufgabe jedes Kampagnenfürsten ist, will er seine Augenblickserfolge auf Dauer stellen).

Allerdings ist Tom Hagens Position nur die entschiedene Fassung der doppelten Auszeichnung, die dem Strafverteidiger anhängt, Teil des Rechtssystems zu sein und zugleich denjenigen zu vertreten, der gegen dessen Regeln verstoßen hat.

Die mediale Tradition des Mafia-Genres verweist aber noch auf ein anderes Institut der Rechtspflege, das immer stärkeren Erosionserscheinungen unterliegt: die Ermittlungsbehörden und die darin tätigen Akteure. Polizisten und Kriminalermittler sind selbst vor Übergriffen des kriminellen Milieus nicht gefeit. In „The Godfather" wird der New Yorker Polizeipräsident selbstverständlich von einem der Mafia-Bosse geschmiert. Vito Corleone bezieht seinen Status nicht zuletzt daraus, dass er hervorragende Verbindungen zu staatlichen Institutionen und zur Politik unterhält. In dem vom US-amerikanischen Krimiautor Jerome Charyn entworfenen New Yorker Milieu sind Verbrechen und Staatsgewalt untrennbar miteinander verbunden und bilden notwendige Gegengewichte zueinander, bei denen Positionen getauscht werden können. Ein Motiv, das geblieben ist: In Dominique Manottis jüngst auf Deutsch erschienenem Roman „Einschlägig bekannt" (deutsch 2011; Bien connu des services de police, Frankreich 2010) sind die Polizisten, die in einem der Pariser Vororte für friedliche Straßen sorgen sollen, selbst das Objekt von einschlägigen polizeilichen Ermittlungen.

Der Unterschied zwischen den frühen Mafia-Exempeln, die bis in die zwanziger Jahre zurückreichen, und den neueren Texten liegt darin, dass die frühe Korruption noch als Restbestand eines vorzivilen Habitus und Verhaltensstandards verstanden werden kann, von dem die Gegenwartssituation deutlich abzugrenzen ist. In den neueren Formaten leiden die Polizisten hingegen unter einem Komplex von Zerfallserscheinungen des Rechtssystems: unter politisch agierenden Vorgesetzten und Staatsanwälten, unter der Wirkungslosigkeit ihres Engagements, unter dem Formalismus der Gerichte, die Straftäter freisetzen, obwohl sie schuldig sind, unter dem Vertrauensverlust und dem Misstrauen der Bevölkerung, der Gleichgültigkeit der Gesellschaft und der Überheblichkeit der Straftäter, die sie aufgrund der formalen Grenzen der Ermittlungsverfahren nicht mehr ernst nehmen, und schließlich unter der lebensweltlichen Nähe, die sich zwischen ihnen und dem kriminellen Milieu unversehens herstellt. In einer solchen Extremlage verschwimmen die vermeintlich klaren Grenzen zwischen Recht und Unrecht, was schließlich zur Korruption einerseits, zu semikriminellen Übergriffen andererseits führt.

So widersprüchlich, ja dilemmatisch die Position des Strafverteidigers sein kann und wie korrupt auch immer Polizisten sein mögen, der zentrale Vorbehalt richtet sich gegen das System selbst. In Perssons bereits genanntem Roman ist dem Schuldigen nicht beizukommen, weil der Mord an einem jungen Mädchen mittlerweile verjährt ist und eine Justizreform, mit der die Verjährung für Mord aufgehoben wird, zu spät kommt. Mangelnde Beweise, Formfehler bei der Ermittlung, fehlende Zuständigkeiten, die Brüchigkeit von Beweisketten, verunreinigte Laborproben, verlorene Beweisstücke bis hin zu unmotiviertem Personal oder politischen Rücksichtnahmen – was auch immer dafür sorgt, dass ein offensichtlich Schuldiger nicht belangt wird, es untergräbt das Zutrauen in ein System, das ansonsten auf seine exklusive Zuständigkeit pocht. Sich auf das System zu verlassen bedeutet demnach, das Risiko einzugehen, dass der Schuldige weder gefasst noch bestraft wird. Sich dem System zu verweigern setzt den Betreffenden selbst wieder ins Unrecht – wenngleich er moralisch gestärkt daraus hervorgehen mag.

Andererseits, wenn die Strafverfolgungsbehörden nicht in der Lage sind, ihre Aufgabe zu erfüllen, wird der moralische Anspruch der direkten Angehörigen auf

Rache gestärkt. In „96 Stunden“ arbeiten Hauptfigur und Pariser Polizei gegeneinander, eben nicht nur, weil einer der Beamten korrupt ist, sondern auch weil der Protagonist, Bryan Mills, die alleinige Regelungskompetenz der Behörden anzweifelt. Gegenüber den albanischen Gangstern hingegen tritt er nicht nur als Polizist auf, er betont vehement die Stärke der offenen Gesellschaft, die er als Gewaltbereitschaft exekutiert.

Die Ineffizienz der formalen Verfahren führt unterdessen auf Seiten der Ermittlerfiguren dazu, dass illegale Aktionen, Wohnungseinbrüche, Hackerangriffe und Gewaltattacken alltäglich werden. Die erwähnte britische Serie „Luther“ ist um eine Figur herum konstruiert, die nicht das Verfahren, sondern den Erfolg in den Vordergrund stellt, was seinen Assistenten wie seine Vorgesetzte, die ihm beide persönlich verpflichtet sind, auf Distanz gegen lässt, während zugleich die interne Ermittlung gegen ihn vorgeht. Selbst ehemals legalistische Tatort-Kommissare sind sich dafür nicht mehr zu schade, für den Erfolg ihrer Ermittlung gegen Rechtsnormen zu verstoßen. Signorina Elettra in Donna Leons Brunetti-Reihe gehört seit Jahren zu den staatlich legitimierten Onlinekriminellen, maßgeschneiderte Jeans hin, perfekte Frisur her. So sehr sich das Auftreten Lisbeth Salanders (aus Stieg Larssons „Millenium“-Trilogie, Schweden 2005–2007) von Donna Leons Rechercheurin unterscheiden mag, in ihrer Tätigkeit sind sie ähnlich angelegt, freilich mit dem Unterschied, dass Salander keine Mitarbeiterin der Polizei ist.

V. Rache als Erkenntnismuster. – Die Erosion des legalen Systems und die moralische Selbstermächtigung der Privaten korrespondieren miteinander, wobei die Abwendung vom System zwar verhängnisvoll ist, jedoch in der Funktionalisierung der rächenden Moral seine eigentliche Begründung findet. Die Rache rückt nicht deshalb an die Stelle des Strafrechts, weil das Rechtssystem wirkungslos wäre. Im Gesamtkontext des staatlichen Systems hat es doch immer noch stabilisierende Funktion, weil es im Wesentlichen das Vertrauen in das System eher stärkt als suspendiert. Die in jüngerer Zeit verstärkte Diskussion um das Vertrauen als eine der Kernausstattungen des sozialen Systems offener Gesellschaften verweist darauf. Vertrauen ist jedoch ein flüchtiges Gut, zu dessen Erhaltung großer Aufwand getrieben werden muss.

Auf der fiktionalen Ebene hat das System dieses Vertrauen allerdings bereits verwirkt, so zumindest die Begründung der Rache. Sie vollzieht, was das System versäumt. Allerdings ist irritierend, dass die Inszenierungen dem System in der Regel keinen Hauch einer Chance geben. Zu groß ist der Zeitdruck, zu verhalten das Vorgehen der staatlichen Behörden, zu grausam das Verbrechen. In der Geheimdienstserie „24“ (USA 2001–2010) führt diese Engführung von Bedrohung und

Zeitnot zu translegalen Kurzschlusshandlungen, zu Folter, Entführung, Mord, teilweise an den eigenen Kollegen, die von den Repräsentanten des Rechtssystems ausgeführt werden. Deren Protagonist Jack Bauer zahlt dafür mit einer Existenz außerhalb der Gesellschaft, auch wenn er einer ihrer heftigsten Verteidiger ist.

Wendet man jedoch die Szenerie, wird erkennbar, dass die Demontage des Systems und die Suspendierung des Gewaltmonopols dem Racheprinzip nachgeordnet sind. Mehr noch, aus der Perspektive der handelnden Figuren bleibt die Rache zwar Instrument moralischen Ausgleichs, wird darüber hinaus aber zu einem Erkenntnismuster. Sie ermöglicht es, Welt wahrzunehmen, zu verstehen und in ihr handeln zu können. Sie reduziert die Komplexität von Motiv, Gelegenheit, Beweis und Schuld auf einen einfachen Mechanismus: Auf die Tat folgt die Erkenntnis, und auf die Erkenntnis folgt die Rache. Damit aber kommt die Welt wieder in Ordnung, auch wenn dies eine Ordnung ohne jede Sicherheit und jeden Schutz ist, weder für Opfer noch für Täter noch für Rächer oder Unbeteiligte. Das aber interessiert nicht, weil die Erzählungen nicht auf die Konsequenzen des Racheprinzips ausgerichtet sind, sondern auf die Lösung des Falls, die Befriedigung eines moralischen Bedürfnisses und die Restituierung der Ordnung.

Hinter der ausbalancierenden Moral wird damit ein Motiv erkennbar, das in der Moderne ubiquitär ist und sich verschiedene Schauplätze sucht, in der Politik, in der Wirtschaft, in der Lebenswelt und eben auch im inszenierten Recht. In Anna Seghers „Aufstand der Fischer von St. Barbara" (1928) wird bereits die Abstraktheit von Herrschaft beklagt, gegen die jede Aktion ins Leere läuft. Abstraktheit wiederum verweist auf Komplexität als Bedingung dafür, dass für Handlungen des Systems keine Person mehr verantwortlich gemacht werden kann, sondern Verfahren oder Strukturen.

Diesen unauflöslichen Knoten durchschlägt die Rache und stellt wieder einfache Verhältnisse her. Mit anderen Worten: Die Reduktion von Komplexität soll Orientierung radikal vereinfachen und Handeln überhaupt wieder möglich machen. Moral ist dafür lediglich als Vehikel eingesetzt, das die Reduktionsverfahren durchsetzungsfähig macht. Dass sich Moral auf diese Weise als handlungsleitendes Muster selbst diskreditiert, ist dabei nachrangig und wird in den Kriminalerzählungen völlig ausgeblendet. Ganz im Gegenteil, wie „Im Sumpf des Verbrechens" (Just Cause, USA 1995) demonstriert: Der liberale Juraprofessor Paul Amstrong (dargestellt von Sean Connery), der als prominenter Gegner der Todesstrafe in die Erzählung eingeführt wird, greift schließlich zur Selbsthilfe und tötet seinen Mandanten und Gegenspieler, den Afroamerikaner Bobby Earl, als dieser seine Frau und seine Tochter zu töten versucht. Moral sichert Gerechtigkeit, aber sie sichert sie durch die Selbsthilfe, in der die Notwehr in strafende Rache gewendet wird. Ein ausdifferenziertes Spiel, in dem das Rechtssystem immer eine schlechte Rolle spielt, es ist wahlweise hilflos oder passiv, feige oder korrupt. Es endlich außer Kraft gesetzt zu haben, ist eine der Leistungen des Krimis, der doch vorgeblich an der Restituierung der Ordnung interessiert sein soll. Dass er eine neue stiftet, die radikal subjektiviert ist, und dies in den letzten Jahren verstärkt, bleibt dabei außen vor.

Zuerst erschienen in: Weimarer Beiträge 60 (2014) H. 2, S. 266-275.

Facetten des Rechtssystems

Der Kampf jeder gegen jeden

Roger Smiths fulminante Studie über eine Gesellschaft im Vorfeld der Zivilisation

Südafrika-Geschichten unterliegen im Grundsatz ähnlichen Klischeegefahren wie New York- oder Washington-Szenarien: Dunkle Areale der Gewalt, Gangs, die die Straßen unter sich aufteilen und sich in einem Dauerkrieg miteinander befinden, Gangster, Exgangster, Huren und Dealer, die ums Überleben, den nächsten Kick und den Rang in jener Gegengesellschaft kämpfen, korrupte Polizisten, die sich zu Herren über Leben und Tod aufschwingen, die töten, wo und wie sie wollen, und für die Gerechtigkeit kein wirklicher Maßstab ist, sondern nur ihre eigene Macht und der archaische Anspruch auf Rache, den sie sich selber zuschreiben. Das Ganze wird im Südafrika-Genre mit der Apartheid-Problematik unterfüttert, deren Rassismus – in die eine wie die andere Richtung – die gesamte Handlung grundiert.

Wirklichkeit oder Realismus sind in diesen Romanen kein Gradmesser. Es geht um sie ebenso wenig wie in japanischen Yakuza-Romanen darum, ob es so etwas wie eine japanische Unterwelt im Yakuza-Stil wirklich gibt. Dabei mögen solche Texte sogar kritisch gedacht sein, auf gesellschaftliche Probleme aufmerksam machen wollen oder politische Fehlentwicklungen anprangern, das Genre selbst hat derart starke Regeln, dass sich die Romanwelt um Wirklichkeit nicht zu kümmern braucht.

Solche Romane bilden Wirklichkeit nicht ab, auch wenn sie sie verarbeiten, sich auf sie beziehen und sie selbst wieder mit prägen. Kein New-York-Besucher, der nicht von Mafia- oder Ghetto-Geschichten gehört hätte. Kein Südafrika-Besucher, der nicht von den Berichten über die Gewalt, die dort durch die sozialen Brüche provoziert wird, gehört hätte. Und künftig wird das Südafrika-Bild nicht zuletzt von den Krimis mitgeprägt werden, die nun auch in den deutschen Markt kommen und in denen das archaische Verhältnis zur Gewalt eine vorrangige Rolle spielt.

Roger Smith führt das in größer Selbstverständlichkeit und Ausführlichkeit vor: Ein Amerikaner (Jack Burn) ist mit schwangerer Frau und Sohn aus den USA geflohen, wo er an einem Raubüberfall beteiligt war. Genügend Geld hat er mitgehen lassen, dass er für einige Zeit ausgesorgt hat. Nun sitzt er in Kapstadt, als eines Abends zwei Gang-Mitglieder in sein Haus eindringen, um Beute zu machen. Er tötet beide, um seine Familie zu schützen, beseitigt die Leichen, und alles könnte so bleiben, wie es war.

Aber nichts ist, wie es war: Die Beziehung zu seiner Frau ist unwiederbringlich gestört, ein korrupter, fetter, stinkender Polizist, Barnard, ist hinter einem der beiden Gangster her und sieht seine Chance, das große Geld zu machen, als er auf Burns wahre Identität stößt. Ein Ex-Gangster, der mittlerweile als Wachmann arbeitet, hat zudem die beiden im Haus Burns verschwinden sehen, ohne dass sie wieder aufgetaucht sind. Zu allem Überfluss ist Barnard selber wieder Objekt einer polizeiinternen Ermittlung, da seine Gewaltherrschaft im Viertel jedes akzeptable Maß übersteigt.

Mit dieser Konstellation beginnt nun eine Jagd jedes Einzelnen auf jeden Einzelnen, die mit unerhörter und gnadenloser Härte geführt wird. Gewalt ist hier nicht mehr die ultima ratio, sondern die normale Kommunikations- und Handlungsform. Sie wird nicht mehr als letzter Ausweg gesehen, sondern als Normalfall, bei dem nicht einmal darauf geachtet wird, ob sie funktional oder kontraproduktiv ist.

Die Beseitigung der Leichen, die in deutschen Krimis etwa immer zum Hauptproblem wird, ist hier überhaupt keiner Rede wert. Die beiden Gangster werden einfach ein wenig abseits abgelegt. Normale Opfer der Gang-Kriminalität, ein gewöhnliches Bild. Auch dass Barnard einen Jungen, der ihn zu den Leichen der beiden Gangster führt, erschießt und die Leichen allesamt verbrennt, ist solange nichts Außergewöhnliches, bis der interne Ermittler (nebenbei ein ehemaliges Opfer Barnards) die ersten Fragen stellt.

Die Selbstverständlichkeit, mit der in diesem Romane Leichen produziert werden, korrespondiert mit der Fahrt, die der Roman aufnimmt. Denn Teil des Klischees von den Gesellschaften im Vorfeld der gewaltreduzierten Zivilisation ist eben auch, dass Gewalt die Geschichten zu einem schnellen, brutalen Ende führt. So ist es im Wesentlichen zu Beginn bereits klar, wer der Geschichte zum Opfer fällt, und wer nicht. Schließlich gehört es zu den nicht minder normalen Phänomenen dieser Geschichten, dass sie eigentlich vor allem moralische Erzählungen sind: von der Vergeblichkeit der Gewalt, von der Gerechtigkeit der Strafe, die dann auch die Richtigen trifft.

Roger Smith: Kap der Finsternis. Roman. Aus dem Amerikanischen von Jürgen Bürger und Peter Torberg. Tropen, Cotta, Stuttgart 2009. Zuerst gedruckt auf: literaturkritik.de (6/2009)

Nach der Befreiung

Mike Nicol über die Mühen der Ebenen in Südafrika und die Folgen des Aufstiegs. „Payback" ist ein Schaustück über den Übergang zur Zivilgesellschaft

Kriminalromane haben ihren Ort im Zwischenraum, in den zerfallenden Diktaturen ebenso wie in den zermürbten Zivilgesellschaften, in den Übergängen zwischen unterschiedlichen Gesellschaftsformen, in denen zum Beispiel ehemalige Kämpfer Zivilisten werden sollen, und das obwohl sie damit zweifelsohne an direkter Macht verlieren werden. Wer töten darf und soll, hat Macht, wer es nicht mehr darf, muss sich mit seiner neuen Machtlosigkeit überhaupt erst einmal abfinden.

Waren die USA für den Hard-boiled-Krimi paradigmatisch, ist Südafrika das für den zivilisationskritischen Kriminalroman der Gegenwart: Hier haben die Autoren eine Aufgabe und ein Spielfeld vor sich, mit denen sie eine Menge anfangen können: Sie können Botschaften platzieren, sie können Entwicklungen durchspielen, Bedingungen formulieren und die Alternativen diskutieren, die sich einer Gesellschaft wie die in Südafrika anbieten. Daher stammt denn wohl auch die Gemengelage von Leidenschaft und Gewalt, Politik und Verbrechen, Moral und Gewissenlosigkeit, die die Kriminalromane aus Südafrika kennzeichnen. Darin unterscheiden sie sich nicht von den Texten, die noch im historischen Hauptareal des kriminellen Geschehens, den USA, spielen.

Während aber die Hard-boiled-Krimis der 1920er und 1930er Jahre keine Gesellschaftsutopie kennen und ihre Nachfolger aus den 1980er und 1990er Jahren sich bereits in einem unlösbaren mythischen Gewirr verstrickt haben, haben die Südafrika-Krimis eine Idee von Gesellschaft vor Augen, die ihnen einen Ausweg anbietet, eine friedliche Zivilgesellschaft, die über alle Gruppengrenzen hinweg und trotz der gewalttätigen Geschichte des Landes funktioniert und allen ihren Bürgern Optionen bietet.

Bis dahin ist ein langer Weg, und die Krimis sind definitiv noch in die Aufgabe gebunden, den Übergang in eine andere Gesellschaft zu gestalten und die Vergangenheit, die auf dem Land lastet, aufzuarbeiten. Das reicht bis weit in jene Gruppen hinein, die mit dem Sieg über das Apartheid-Regime eng verbunden sind: alte Kämpfer, alte Kader und alte Verdienste. Aber eben auch alte Gewohnheiten, Verbrechen der Vergangenheit und die Notwendigkeit, die Verbrechen der Vergangenheit zu sühnen. Dabei stehen das Problem der dysfunktionalen Gesellschaft, die Korruption und die alten Seilschaften, die jetzt profitieren wollen, dem allem im

Wege. Die Arbeit hört also nicht auf, auch eben nicht die Arbeit, das alles erzählerisch umzusetzen.

Mike Nicol wählt in „Payback“ nicht unbedingt einen neuen Ansatz: Zwei ehemalige Anti-Apartheid-Kämpfer haben sich auf den Schutz vermögender Touristen spezialisiert, die nach Südafrika reisen. Das ist das Pendant zum Empfangschef deutscher Hotels, der – aus dem Kleinadel stammend – im Ersten Weltkrieg noch Offizier gewesen war und jetzt seine Fähigkeiten gerade im Hotel- und Gaststättengewerbe besonders gut einsetzen kann. Wo die historischen Vorläufer noch Haltung haben und sich zu benehmen wissen, sind ihre südafrikanischen Nachfolger vor allem immer noch Kämpfer genug, um den gemeinen Straßenkriminellen in Südafrika davon abzuhalten, die vermögenden Klienten um Geld und Leben zu bringen.

Schwierig wird es allerdings, wenn sie sich in die Kampflinien zwischen ehemaligen Kampfgenossen wagen, den Club eines alten Kollegen vor einer Straßengang zum Beispiel beschützen, die Schutzgeld erpressen will. Oder wegen der alten Zeiten einen Waffendeal durchziehen, an dem sich schnell noch einmal Geld verdienen lässt, mit dem dann – oh Zeiten, oh Wunder – die Raten fürs Haus bezahlt werden können. Denn aus den alten Kämpfern sind eben auch Väter und Ehemänner geworden, die die Vorteile eines zivilen Lebens zu schätzen gelernt haben. Was dem einem langweilig vorkommen mag, ist dem anderen gerade Erfüllung.

Dieses Leben in zwei Welten jedoch ist die Bruchstelle, die jene Akteure nutzen, die noch alte Rechnungen begleichen wollen: Die Tochter des einen wird bei einem Entführungsversuch niedergeschossen, eine Freundin aus alten Zeiten wird von ihrem Drogen dealenden Mann getötet, der Spider, der ein Jugendtraum ist, macht den Mann stadtweit überaus deutlich sichtbar.

Die Geschichte, die Nicol erzählt, visiert dabei jedoch vor allem jenes Problem an, das alle Übergangsgesellschaften prägt: Die ehemals einfachen Verhältnisse sind ungemein komplex geworden. Seitdem die klaren Kampflinien der Vergangenheit aufgelöst sind, ist alles derart verwickelt geworden, dass jede Aktion auf eine Vielzahl durchkreuzender anderer Aktionen stößt. Eine der Figuren weiß das sehr genau: „Wir marschieren in die Pläne eines anderen, und Dinge passieren, die keinen Sinn ergeben.“ Tödlich kann das werden, und es wird in Nicols Roman für viele der Figuren mit dem Tod enden.

Dabei löst Nicol zugleich die im Krimi so eng geschlossene Verbindung von Gerechtigkeit und Strafe auf: Es sterben auch die, die es nicht verdient haben. Es überleben solche, die in jedem anderen Krimi den Tod finden würden. Und umgekehrt.

Mike Nicol: Payback. Thriller. Aus dem südafrikanischen Englisch von Mechthild Barth. Btb, München 2011. Zuerst gedruckt auf: literaturkritik.de (6/2012)

Klare Sache

Robert B. Parkers Anamese eines Schulmassakers

Vieles schwappt aus den USA ins gute alte Deutschland, Serienmörder, Fernsehserien, Privatpanzer à la Hummer, Coca Cola, McDonald's und Schulmassaker – und was davon das Schlimmste ist, ist noch lange nicht raus. Aber nehmen wir einmal an, dass Schulmassaker ganz weit oben in der Liste der üblen Dinge stehen, und nehmen wir einmal an, dass die Gründe letztlich immer dieselben sind, wie auch die Reaktionen darauf. Da gibt es beispielsweise dieses Schulmassaker in der Dowling School, einer Privatschule für einigermaßen wohlhabende Mittelschichtkinder irgendwo bei Boston. Suburbs eben, schlimmer kanns nicht kommen, wenn man jung ist und alles andere will als nur in den Suburbs enden. Zwei 17-jährige marschieren eines Tages in die Dowling School und erschießen ein paar Mitschüler und Lehrer mit automatischen Waffen. Beide werden verhaftet, beide gestehen die Tat – und alle wollen nur, dass diese Tat aus ihrem Leben verschwindet: Der Dorfpolizist, weil er und seine Leute Schiss hatten, sich in die Schießerei zu werfen, der Schuldirektor, weil er aus seiner Schule ein Junior College machen will und dafür Ruhe braucht (und Geld), die Eltern, weil sie ihre Kinder nicht verstehen und sie lieber im Gefängnis sehen, als sich darüber im Klaren zu werden, dass sie selber ein Teil des Problems sind. Nur die Großmutter eines der Jungen glaubt nicht an seine Tat, und sie beauftragt (reich genug dafür) Spenser, herauszubekommen, was wirklich geschehen ist. Denn weshalb die Tat? Woher die Waffen? Woher können die beiden so gut schießen, wie sies können?

Dass sich am Ende am Hergang und an den Tätern nichts geändert hat, ist das eine – und das ist schon eine Überraschung, kinotrainiert darauf, hinter jeder Ecke eine neue verdeckte Tatvariante zu erwarten, wie man ist. Dass sich zugleich am Ende der Tathergang ganz anders darstellt, weil er Sinn und Verstand hat, soll heißen: weil er motiviert ist und Grund hat, ist die andere Überraschung. Das Böse ist nicht immer und überall, es hat Ursachen, die mit Gut oder Böse nichts zu tun haben. Spenser kann der schönen und reichen Großmutter Lilly Ellsworth, die ihn beauftragt, nicht versprechen ihren Enkel zu entlasten. Aber er kann ihr versprechen herauszubekommen, was wirklich geschehen ist. Ein Versprechen, das er auch tatsächlich hält. Außerdem kriegt der junge Mann, den niemand wirklich kannte, der nie wirklich da war, ein wenig langsam, keine Freunde, still und verschlossen, seine Chance. Und das ist vielleicht die dritte Überraschung dieses Textes von Robert B. Parker; dass nämlich das Rechtssystem der USA, das sonst gern als durchweg moralin oder völlig korrupt präsentiert wird, hier vor allem menschlich wirkt: Jeder hat eine Chance verdient, so groß sein Verbrechen auch gewesen sein mag. Insbesondere dann, wenn sich nach und nach herausstellt, dass das Ganze kein sinnloses gewaltverliebtes Massaker war, in dem Rache an der Schule, Rache an den Mitschülern, die einen piesacken, Rache an den Erwachsenen, Rache an der Welt, die die Täter nicht versteht, Rache auch an ihnen selbst, die nirgendwohin gehören, die Hauptrolle spielen. Sondern ein ganz anderer, simpler Grund: Liebe, eine illegitime Liebe zwar, aber immerhin. Und kann Liebe der Quell des Bösen sein?

Aber werden wir nicht pathetisch, bleiben wir lieber cool, wie unser Held Spenser. Parkers großes Pfund ist seine Fähigkeit, knappe, ironisch kommentierte Dialoge zu schreiben, in denen es keinen Firlefanz, kein Geplapper gibt, sondern alle Beteiligten ganz schnell zur Sache kommen. (Und die Qualität seines Übersetzers ist es, dass er dafür einen angemessenen deutschen Ton findet.) Dass dabei seine Hauptfigur Spenser ganz besonders gut wegkommt, versteht sich von selbst. In den dialogischen Zweikämpfen ebenso wie in den tatsächlichen. Das trägt gelegentlich ein bisschen dick auf: „Wer einmal im Leben im Ring gestanden hat, der verliert hier draußen nicht viele Kämpfe." Jepp, das sitzt („Jepp" ist ein Zitat). Genauso wie die Schläge, die Spenser an einen gewissen Animal (einer von denen, die am See rumhängen, aha) und an Cromwell (der Chef von denen, die immer Sonnenbrillen tragen und Revolver und außerdem mit Autos rumfahren, die Blaulicht tragen) verteilt. Das kann eigentlich nicht gut gehen, geht es aber. Und das ist dann doch des Guten zuviel. Seitdem Superman abgetreten ist, hat es kaum einen cooleren Helden gegeben als Spenser, sollte man meinen. Aber Krimihelden nimmt man ja eine Menge ab, auch wenns ziemlich unglaubwürdig und überzogen ist. Vor allem dann, wenn sie dabei das Hollywood-Pathos so wunderbar durch den Kakao ziehen, wie Parker: Ein Mann ist nur soviel Wert wie sein Wort? Na dann wird auch der vom Hund Pearl zerkaute Joghurtbecher vom Teppich eines der zahlreichen Polizisten, Anwälte und Staatsanwälte, die durch diese Krimi schweifen, geklaubt. Ein Mann, ein Wort – man siehts gerade an den kleinen Dingen, auch, welche Krimis was taugen. Der hier taugt was.

Robert B. Parker: Der stille Schüler. Ein Fall für Spenser. Übersetzt von Frank Böhnert. Pendragon, Bielefeld 2007. Zuerst gedruckt auf: literaturkritik.de (10/2007)

Ende einer Recherche

David Peace kündigt den rechtsstaatlichen Konsens auf

Es gab eine Zeit, in der die Mächtigen untereinander Krieg führten wie große Stämme, genauso brutal, genauso tödlich, genauso unbeirrt von dem, was man Rechtsstaat nennen mag. Dafür waren die Polizisten korrupt, die Gerichte parteiisch, die Medien gekauft. Unter der Oberfläche einer mehr oder weniger friedlichen Gesellschaft tobte ein Kampf aller gegen alle, die zivilisierte Gesellschaft zeigte ihr barbarisches Gesicht. Diese Zeiten sind lange her, aber wer kann wissen, ob sie uns nicht näher sind als gedacht? Literatur kann.

David Peace hat mit „1974" ein solches Stück Literatur geschrieben, das durch seine Direktheit und Unmittelbarkeit, durch seine Figuren und die Art, wie sie miteinander umgehen, an große Vorbilder des hard boiled erinnert, an „China-Town", an Hammett und Chandler, an Willeford und andere. Die Stimmung ist düster und gereizt, die Figuren sind keine Helden, sondern gemischte Charaktere, die gut und böse sind, die ihren Ehrgeiz und ihre Rückschläge schweigend vor sich hertragen, immer so, dass alle sie sehen können. Solche Gestalten sind dann hinter der Wahrheit her, und man muss sich fragen, warum? Weil sie letztlich die einzige Rettung ist, das einzige, was dem eigenen Untergang noch im Wege steht, und dem der Welt insgesamt? Dabei ist die Wahrheit beileibe nicht einfach und eindeutig, sie muss immer erst hergestellt werden. Allerdings weiß keiner, was die Wahrheit ist, wer die Opfer sind, wer die Täter. Zumal am Ende die eigentlichen Täter keine schmutzigen Finger haben und ihre Opfer die Gewalt unter sich ausmachen lassen.

Den Anfang macht ein vergewaltigtes und getötetes Kind, dem der Mörder zwei Schwanenflügel angeheftet hat. Gewalt gerade gegen die Schwächsten der Gesellschaft, die zugleich ihre einzige Zukunft sind, ist kein Privileg der Jahrtausendwende. Aber die makabre Mischung von Verehrung der Unschuld und ihre Zerstörung, die Melange von archaischer, naturwüchsiger, ungesteuerter Gewalt und den Taten, die dazu dienen, Interessen durchzusetzen, Projekte ungestört zu realisieren und Konkurrenten aus dem Weg zu räumen, ist beunruhigend. Hier ist eine Gesellschaft offensichtlich an den Rand eines Abgrunds geraten, von dem sie sich nur unter größter Anstrengung wieder entfernen kann. Zu groß ist die Anziehungskraft, die von der Welt ausgeht, die jenseits des Absturzes aus der Zivilisation beginnt.

Und der Held der Geschichte, der Gerichtsreporter Edward Dunford, ist der Letzte, dem an zivilisierten Verhältnissen gelegen wäre. Ja, er widmet sich der Aufklärung eines Falls, dessen Grausamkeit auch aus der Lesedistanz heraus erschüttert. Und er lässt sich nicht von seinen Vorgesetzten, der Polizei und all denen, die hier Macht und Einfluss zu haben scheinen, davon abbringen, weiter zu machen. Keine zerquetschte Hand, keine getötete Geliebte kann ihn daran hindern. Sein Vater ist gerade beerdigt worden, er ist sprachlos, er trägt die Uhr seines Vaters, schaut sie immer wieder an, bis sie ihm auf seinem sehr, sehr abschüssigen Weg abhanden kommt. Kein Wunder, dass so jemand nicht souverän reagiert, wenn seine Freundin ihm erzählt, dass sie ein Kind erwartet, kein Wunder, wenn so jemand in jedes Bett steigt, das ihm angeboten wird, kein Wunder, dass so jemand sich mit allen Mitteln überall dort Zugang verschafft, wo er hofft, mehr zu erfahren. Aber auch kein Wunder, dass seine Fragen so bieder und harmlos sind, dass man sich wundern muss, dass sie so viel Wirbel machen. Offensichtlich fragt man hier nicht, vor allem nicht nach, vor allem nicht als Journalist, und vor allem nicht diese Leute.

Der Weg zur Wahrheit ist entsprechend blutig, gewalttätig, aggressiv, keinem zivilisatorischen Standard verpflichtet, der die Beteiligten dazu anhalten würde, mit ihrem Tun innezuhalten. Aber darauf kommt es auch nicht an. Es sind keine privaten Obsessionen, von denen hier die Rede ist. Gewalt ist nichts persönliches, sie ist Mittel zur Macht. Die Gesellschaft, in der das alles geschieht, ist doppelbödig. Alles hat mehrfache Bedeutung, jeder hat ein zweites Leben und etwas zu verbergen, unter der Oberfläche verborgen kämpfen die Fürsten um die Macht. Sie haben ihre Diener und Gefolgsleute, sie haben ihre Agenten und Krieger, sie haben ihre Feinde, die oftmals ihre Verbündeten waren und werden. Aber sie haben vor allem ihre Macht zu bewahren. Und sie verteidigen sie mit aller Gewalt, mit allen Waffen, die ihnen zur Verfügung stehen.

Die bürgerliche Kulisse mit Beerdigungen und Pubs ist unterlegt mit einer archaischen Szenerie. Hier hat alles etwas zu bedeuten, hier ist nichts nur leere Fassade. Die Banalität der Siebziger, ihre Betonbauten und offenen Plätze, ihre Trostlosigkeit und Leere wird eben nicht nur verdüstert, sie wird zugleich überhöht und mit einer fast barocken Gewalttätigkeit unterlegt. Daraus erklärt sich vielleicht, welche Faszination von diesen Jahren zwischen dem Aufbruch der späten Sechziger und dem der späten Siebziger ausgeht. Diese „bleierne Zeit“ hatte so viel zu verbergen. Zumindest vielleicht. Ein Blick in die Thriller-Szene dieses Jahrzehnts lässt vieles von der Paranoia ahnen, der mit Watergate, Yorkshire Ripper und CIA-Intrigen kräftig Nahrung gegeben worden ist. Hinter allem, was geschieht, steckt jemand, der daraus Nutzen und die Fäden zieht. Nicht gerade das, was man unter einem optimistischen Gesellschaftsbild versteht. „1974“ ist ein düsteres, ein grausames, ein obszönes Buch, so versessen auf die Schattenseiten der Welt, der

Gesellschaft, der Subjekte, und deshalb wohl auch so verregnet, dass es ganz angenehm ist, dass es jetzt schon wieder dem Sommer entgegen geht.

Trotzdem, „1974“ ist grandios. Das Buch ist der pompöse Auftakt zu vier Romanen, die der dunklen Seite, nicht der Macht, sondern von Yorkshire gewidmet sind. Die weiteren Bände „1977“, „1980“ und „1983“, sind mittlerweile erschienen, im Englischen und Französischen liegt das „Red Riding Quartett“ bereits seit längerem vollständig vor. Peace hat aber bereits hier bewiesen, dass er mehr kann, als einen nörgelnden Ermittler, der den Zerfall der Werte und die Zerrüttung der Gesellschaft zu beklagt, auf den Weg zu schicken. Dafür muss er sich am Ende auch auf keinen friedlichen Schluss einlassen. Sein bitterer Held kann jede Zurückhaltung und jeden rechtsstaatlichen Konsens fahren lassen. Die Rache ist mein, spricht der Herr, und Dunford ist sein Erfüllungsgehilfe.

Allerdings wirft genau das Fragen auf. Dass ein negatives Gesellschaftsbild, dass archaisierende Gewalt, dass Rache und Revanche literarisch legitime Mittel sind, ist geschenkt. Dass am Ende eine Gesellschaft nicht in der Lage sein kann, diejenigen abzuurteilen, die sie repräsentieren und auf die sie sich stützt, ist gleichfalls nachzuvollziehen. Peace ist also konsequent: Eine korrupte Gesellschaft ist auch bei Gericht von Interessen geleitet. Aber Peace trägt hier zugleich eine These vor, wie sich in Gesellschaft handeln lässt, nach welchen Kriterien wir uns richten müssen und was ein befriedigendes Resultat ist, wenn am Anfang Vergewaltigung und Mord stehen. Der rechtsstaatliche Konsens gebietet, dass legitimer Weise nur einer Vergeltung üben und strafen darf: der Staat. Jeder einzelne gibt an ihn seine Rechte und auch seine Wünsche ab, selber zu strafen und zu rächen.

Jeder Kriminalroman muss sich diesem Dilemma stellen, vor allem aber dann, wenn die einzig legitime Instanz nicht angemessen handelt, verschont und bagatellisiert, wo der Einzelne essentiell getroffen worden ist. Leid lässt sich nicht an den Staat abgeben. Aber es lässt sich ganz ausgezeichnet instrumentalisieren, in Erzählungen etwa wie der von Peace. Das setzt aber voraus, dass Peace tatsächlich eine These, ja dass er ein Ziel hat, das über das Schreiben eines arg düsteren Krimis hinausgeht, der unter die Haut geht und wieder ein paar Grenzen verschiebt.

David Peace: 1974. Roman. Aus dem Englischen von Peter Torberg. Liebeskind, München 2005. Zuerst gedruckt auf: literaturkritik.de (4/2006)

Ein Kind

Kinder regen die moralische Energie und persönliche Verlustängste an. Kate Atkinson weiß mit beidem souverän zu spielen, wie „Das vergessene Kind“ zeigt.

Kinder spielen im heutigen Krimi eine besondere Rolle. Sind sie Opfer, legitimieren sie jede Schandtat, die ihm Namen ihrer Gerechtigkeit begangen wird. Gehen sie verloren, lässt sich damit jede Merkwürdigkeit begründen, die einem Menschen einfallen mag. Mithin sind die größten Grausamkeiten diejenigen, die Kindern angetan werden, und sie sind es, die die größte moralische Entrüstung auslösen und zur gründlichen Erschütterung unseres Rechtssystems berechtigen.

Das weiß Kate Atkinson offensichtlich, und in „Das vergessene Kindl“ spielt sie damit mit größter Souveränität. Dabei scheint sie Anleihen bei ihrem Kollegen David Peace genommen zu haben, dessen Red Riding Quartett gleichfalls im Umfeld des Yorkshire Rippers der 1970er bis 1980er Jahre spielte. Auch in der Schreibweise hat sie sich anscheinend von ihm anregen lassen, so leichtherzig wechselt sie zwischen den Perspektiven und Tempi. Konventionelle Passagen werden von rasanten, erzählerisch avancierten Strecken abgelöst, das Ganze ist also geschrieben wie ein gutes Team Fußball spielt, mit zahlreichen Tempowechseln und eigentlich immer auf das Thema aus.

In den 1970ern ist eine junge Polizisten, Tracy, Zeugin, als neben einer Leiche ein Junge aufgefunden wird, der seit drei Wochen in der Wohnung mit der erwürgten Mutter ausgehalten hat. Der Junge überlebt, aber er verschwindet. Über dreißig Jahre später kauft diese mittlerweile nicht mehr junge Frau einer Prostituierten ein Kind ab und ist seitdem auf der Flucht. Zur selben Zeit wird der ehemalige Polizist Jackson Brodie von einer Klientin gebeten, nach ihren Eltern zu suchen. Sie wurde vor über dreißig Jahren adoptiert, aber alle Hinweise auf ihre leiblichen Eltern entpuppen sich als Lügen. Die Hinweise verlaufen sich. Zwischenzeitlich scheint es, als ob Brodies Suche erfolglos bleiben würde. Dass dem nicht so ist und dass diese beiden Fälle aufeinander zulaufen, ist leicht anzunehmen, auch wenn ein verschwundener Junge und ein adoptiertes Mädchen nicht recht zusammenpassen wollen.

Aus der harmlosen Suche – was soll schon daran sein, ein paar Eltern herauszufinden – wird allerdings nach und nach ein hochkompliziertes Spiel, in das unter anderem Polizisten und Kriminalbeamte, die Adoptiveltern der Auftraggeberin Brodies und eine Sozialarbeiterin verwickelt sind. Irgendetwas von dem, was 1975 geschehen ist, war furchtbar falsch. Und irgendetwas soll auch noch nach 35 Jahren verheimlicht werden, auch wenn die Akteure zum größeren Teil bereits aus dem aktiven Leben ausgeschieden sind. So erklärt sich, warum beispielsweise die Sozialarbeiterin für Jackson keine Zeit hat, es erklärt sich so auch, warum Jackson es auf einmal mit zwei großen Schlägern zu tun bekommt, die ihn zeitweise gefesselt in einem Müllcontainer ablegen.

Die Geschichte, die Atkinson erzählt, wird freilich durch einige weitere Faktoren immer komplizierter: Was hat die demente Schauspielerin Tilly, die auf wenig dezente Weise aus einer erfolgreichen Fernsehserie entfernt wird, mit diesen beiden Kinder-Geschichten zu tun? Die Frau wird immer desorientierter und weiß immer weniger, was um sie geschieht. Was sucht außerdem der „falsche" Jackson – ein weiterer Mann, der einen grauen Avensis fährt und mit Nachnamen Jackson heißt – in diesem Umfeld? Er verfolgt Tracy und das kleine Mädchen, was zu einer Reihe von hektischen Aktivitäten führt. Aber ist er ein Verfolger oder ist auch er nur ein privater Ermittler?

Die Antworten auf solche Fragen sind am Ende vielleicht nicht einmal besonders überraschend, aber sie sind gut erzählt. Und daran ist festzuhalten, auch wenn der Text seine Längen zu haben scheint. Die Vorgeschichte Brodies und seine Vorlieben kommen branchenüblich dazu – und sie erklären schließlich einiges. Selbst die scheinheilige und öde wirkende Nacherzählung der kleinen Erlebnisses Tracys mit ihrem Findekind, die den Anfang dieser Erzähllinie bestimmen, hat Funktion. Die beiden werden jedenfalls noch genug Hetze bekommen, bis sie einigermaßen heil aus dem Sichtfeld der Erzählung verschwinden können. Und wir gönnen es ihnen, sollen wenigstens diese beiden glücklich sein, so lange sie können.

Kate Atkinson: Das vergessene Kind. Roman. Aus dem Englischen von Annette Grube. Droemer, München 2011. Zuerst gedruckt auf: literaturkritik.de (4/2012)

Erschütterungen des Rechtssystems

Recht und Ordnung

Arne Dahl spielt mit Rächern, Tätern und Opfern und mit dem Missbrauchsthema

Eines der seit Jahren heftigst in den Medien verschlissenen Themen ist der Kindesmissbrauch, der auch im Krimi Themen wie Serienkiller, Mord aus Leidenschaft oder Vergewaltigung den Rang abgelaufen zu haben scheint. Einer Gesellschaft, die sich ihrer Zukunft mehr und mehr ungewiss wird, die allgemein verbindliche Regeln verliert und keine Grenzen mehr akzeptieren will, wird der Kindesmissbrauch anscheinend zum Gradmesser ihres Verfalls. Nachdem in den 1960er Jahren die Entgrenzung des Begehrens auch die Grenzen der Adoleszenz antastete, ist im symbolischen Haushalt der Moderne mittlerweile der Missbrauch zum zentralen Verbrechen aufgestiegen. Pädophile seien die wahren Massenmörder, heißt es entsprechend in Dahls Roman, gesprochen von einer der Figuren (so dass sich der Erzähler selbst etwas im Hintergrund halten kann).

Nun wird man gut daran tun, die Thematisierung des Missbrauchs im Krimi nicht nur als Reflex eines gesellschaftlichen Notstands oder als Reaktion auf die Debatten, die darauf verweisen, anzusehen, sondern auch und vor allem seine symbolische Bedeutung in den Blick zu nehmen. Das Genre nämlich hängt in großem Maße an der jeweils neu zu bewerkstelligenden Balance von Crimen, Suche und Strafe, die wiederum auf den Status der Gesellschaft in der Sicht dieses hochsymbolischen Genres verweist. Nicht also ob Kinder in den Industrieländern besonders häufig und häufiger als in den 1950er Jahren Opfer von Missbrauch werden ist die Frage, die dafür eine Rolle spielt, sondern ob der Missbrauch als Störung der symbolischen Balance ein ausreichendes Gewicht hat. Und das kann man annehmen, anders wäre die Zahl der Missbrauchsromane nicht so hoch und andernfalls würden sich prominente Autoren wie Dahl nicht derart intensiv dem Sujet widmen. Dass Dahl dabei recht souverän vorgeht, ist man von ihm gewohnt. Und in diesem Fall zeigt er sich von einer besonders guten Seite.

Eine Vierzehnjährige wird während einer Klassenfahrt vermisst. Die sofort eingeleitete Suchaktion ist vergeblich. Die Ermittler Dahls werden zwar nicht minder schnell eingeschaltet, sind aber anfänglich nicht besonders erfolgreich bei ihren Bemühungen. Das ändert sich zwar nach und nach, sonst ginge der Roman ja auch ins Leere, und ein zweiter Fall wird nicht minder gelungen in die Hauptlinie eingeflochten, dennoch ist Dahl ein Könner darin, die Fortschritte in der Ermittlung nicht nur als intellektuelle Akte und systematisch-logische Abfolge zu liefern, sondern sie lebensweltlich und erzählerisch so einzubetten, dass das, was wir gemeinhin Spannung nennen, entsteht. Das kann er, das will man von ihm, und die Überraschungen, die nicht minder dazugehören wie das altbekannte Personal, die gewohnte Abfolge von Handlungen und Gesprächen und die nacheinander in den Romanen aufgebauten Handlungsbögen, die die Beziehungen der Figuren untereinander behandeln. Man will sich bei Dahl auskennen und dennoch immer wieder vor den Kopf gestoßen werden.

Dazu gehört, dass zwar einerseits die Missbrauchsthematik nicht korrumpiert wird. Es gibt den Bösen im Hintergrund, der sein eigenes Begehren über das Wohl anderer stellt und Grenzen nicht akzeptiert, es gib die Kontamination von Ökonomie und Perversion, es gibt die geheimen Netzwerke, das Internet als Medium, die Polizei, die sich vergeblich abmüht, den Pädophilennetzen auf der Spur zu bleiben, und es gibt die aufrechten Polizisten, die sich ausreichend vor den geilen Böcken ekeln und ihnen kräftig auf die Finger hauen. Es gibt auch die selbsternannten Rächer und Henker, die sich über das angeblich macht- und zahnlose Rechtssystem stellen und für die Opfer und Täter immer schon klar zu trennen sind. Ein Irrtum? Nicht möglich. Täterrechte? Nicht nötig. Aber es gibt auch die sympathischen Polizisten, die feststellen müssen, dass Gewalt und Grenzüberschreitung auch sie faszinieren, dass sie sie für ihr seelisches Gleichgewicht brauchen, es gibt die Opfer, die keine Opfer sind, es gibt die Racheengel, die sich von der anderen Seite nicht wesentlich unterscheiden, wir kennen das, die dunkle Seite der Macht. Auch dafür gibt es ein Genre. Es gibt die toten Täter und lebende Opfer, und es gibt jede Menge Verwirrung, die sich allerdings am Ende einigermaßen moralisch einwandfrei löst. Die Bösen tot oder im Gefängnis, die Guten befreit und gerettet, je nachdem.

Das liest sich unterhaltsam und ist – wenn mans alles nicht moralisch sieht – auch ganz akzeptabel. Wer freilich hier sein Weltbild bestätigt sehen will oder meint, hier werde ein gesellschaftlich relevantes Thema abgehandelt, vielleicht sogar über irgendetwas aufgeklärt, der hat vom Wesen des Krimi auffallend wenig verstanden. Aber man muss ihn nicht verstehen, um ihn zu lesen.

Arne Dahl: Dunkelziffer. Kriminalroman. Aus dem Schwedischen von Wolfgang Butt. Piper, München, Zürich 2010. Zuerst gedruckt auf: literaturkritik.de (10/2010)

Kaltschnäuzige Rechthaberei

Michael Connelly weiß sich auf der rechten Seite

Dieses Buch verkauft klare Botschaften: Recht nimmt seinen gerechten Lauf, wenn es mit Nachdruck vertreten wird. Wer für das Recht tätig ist, darf darauf stolz sein, muss es sogar, und er muss konsequent dabei sein. Wer Verbrechen vergisst oder nicht mit allem Nachdruck aufklärt, gibt seine Gesellschaft dem Untergang preis. Das helle, klare Licht des Rechts leuchte über uns allen und es vertreibe alle Schatten des Bösen, des Verbrechens, des Unrechts auf Nimmerwiedersehen. Detectives, die „in den Abgrund blicken müssen", wie Michael Connelly im Vorsatz seiner „Vergessenen Stimmen" getragen formuliert, verdienen unseren absoluten Respekt.

Wo normalerweise das Krimigenre die klare Trennung von Gut und Böse, schwarz und weiß aufgelöst hat und sich den Schattierungen und Halbtönen zugewandt hat, nicht zuletzt weil die Realität zu komplex ist, um derart einfach beschrieben werden zu können, geht Connelly den umgekehrten Weg: Für ihn wird alles klar getrennt. Das Opfer ist tot und sein Tod muss gesühnt werden (am besten mit dem Tod des Mörders und all derer, die mit ihm zu tun haben). Wo diese Aufgabe nicht vom Staat gelöst werden kann, weil er sich an merkwürdige Normen halten muss und zum Beispiel auch einem Täter nicht alle Rechte abspricht, dürfen die Romanfiguren zur Selbsthilfe greifen. Die Aufgabe, das Verbrechen aufzuklären, wird von den Ermittlern übernommen, die sich durch keinen Zweifel, durch keinen Handel mit den Kriminellen oder gar ihren Kollegen davon abbringen lassen dürfen und die dafür sogar bereit sein müssen, ihr eigenes Leben und ihre eigene Integrität zu opfern. Immerhin opfern sie das alles dem Recht, das über allem steht. Wo dumme Rechtsnormen wie zum Beispiel die Notwendigkeit, Indizien, Beweise oder wenigstens einen hinreichend belastbaren Verdacht zur Basis einer Abhöraktion zu machen, der festen Überzeugung der Ermittler im Wege stehen, müssen eben Druck und eine heftige moralische Keule herhalten. So appellieren Connellys Helden der Ermittlung etwa an die Angst einer Richterin, auch ihr eigenes Kind könne das Opfer eines Verbrechens werden, für dessen Aufklärung hier jedes Mittel genutzt wird. Schade, dass die Dame, die eigentlich einen vernünftigen Eindruck macht, sich so leicht ins Bockshorn jagen lässt. Und schade, dass solch ein neopathetischer Unsinn, der mit seiner bigotten Selbstüberschätzung sich zwar im Recht wähnen darf, aber dessen Konsequenzen unabsehbar verhängnisvoll sind, auch noch ins Krimigenre Einzug nimmt, übersetzt wird und am Ende Erfolg hat. Das haben wir alle nicht verdient.

Harry Bosch, Connellys Hauptfigur, kehrt in den Polizeidienst zurück und wird, zusammen mit seiner alten Partnerin Kiz Rider auf die ungelösten Mordfälle in Los

Angeles angesetzt. Besonders einen Fall sollen sie sich anschauen, den ungelösten und mysteriösen Tod einer Schülerin im Jahr 1988. Eine DNS-Spur, die damals nicht zu verfolgen war und nun durch die Datenbanken gejagt worden ist, deutet auf einen bestimmten Täter. Kaum zum Dienst wieder angetreten und nach kaum einem halben Tag Akteneinsicht wissen die beiden schon: An der Sache ist mehr dran, als die damals mit dem Fall befassten Kollegen rausbekommen haben. Rassenhass, eine Abtreibung, ein unbekannter Freund, ein junger Kleinkrimineller, zu dem allerdings der Mord nicht passt, außerdem Kollegen aus einem anderen Department, die in den Ermittlungen herumgepfuscht haben. Connelly lässt wenig aus, was an möglichen Spuren wieder aufgenommen werden kann, und lässt seine beiden Ermittler sehr, sehr schnell losrennen. Sie lösen den Fall auch binnen weniger Tage, und am Ende sind die beiden Männer tot, die für den Mord verantwortlich sind, der Waffenlieferant und der Mörder selbst. Das ist gerecht, mindestens so gerecht wie die Strafen für Raubkopierer. Und die nächsten ungelösten Fälle warten schon, über die der Polizeichef sagt: „Wie können wir uns eine Stadt nennen, wenn es so viele Stimmen gibt, die von dieser Behörde vergessen worden sind.“ Ja, wie können wir nur. Wahrscheinlich hat das einfach nichts miteinander zu tun.

Der gesamte Roman ist von diesem Moralpathos, dieser Selbstgerechtigkeit und der darauf aufsetzenden Respekthascherei durchsetzt. Dabei ist die Geschichte, die hier zu lesen ist, von erbärmlicher Öde: Wenn jemand die Langeweile des möglicherweise realen Polizeialltags ins Krimigenre gehoben hat, dann Connelly. Hier wird jeder Griff zum Kaffeeautomat beschrieben, jede Seite, die umgeblättert wird, wird auch angeschaut, jede Bemerkung, die in einem Gespräch fällt, wird auch niedergeschrieben. Auf der anderen Seite ist Connelly anscheinend an seinen Figuren überhaupt nicht interessiert. Sie sind wandelnde Recht- und Moralautomaten auf der einen wie auf der entgegengesetzten Seite, die irgendwie in Beziehung zueinander gesetzt werden, um am Ende ihren Erfolg einzuheimsen. Der ist ihnen aber weder zu glauben (dafür ist das alles zu einfach) noch zu gönnen (dazu sind sie zu selbstgewiss). Im Vergleich dazu schreibt Dan Brown psychologisch ausdifferenzierte und komplexe Thriller, die der uneindeutigen Wahrheit der Welt näher kommen als das, was Connelly uns vorlegt. Vor der Lektüre schützt aber gottseidank die grenzenlose Langeweile, die einen immer wieder zwischendrin überkommt. Um es so zu sagen: Man kann dieses Buch auch ungelesen sein lassen.

Michael Connelly: Vergessene Stimmen. Ein Harry-Bosch-Roman. Aus dem Amerikanischen von Sepp Leeb. Heyne, München 2006. Zuerst gedruckt auf: literaturkritik.de (1/2007)

Der Schlaf der Vernunft

Jo Nesbø glaubt nicht an das Gute im Menschen

Die Ursache allen Bösen ist die Gewalt, und der Sex ist ihr allzu sehr verwandt, was am Ende auch wieder nur so viel Leid erzeugt, wie nötig ist, um neue Gewalt zu zeugen. Auf der anderen Seite hat die Gewalt selbst wieder einen heilenden und kathartischen, säubernden Aspekt, mit dem das zwischenmenschliche Gewalt-Saldo ausgeglichen werden kann, zumindest angeblich. Das Ganze muss naheliegend mit religiösem Schmuckwerk versehen werden, damit es einigermaßen durchgeht, wobei es anscheinend niemanden interessiert, was aus dem alles werden kann, wenn keiner mehr hinsieht und darauf achtet, dass nicht alles aus dem Ruder läuft. Der Schlaf der Vernunft gebiert Monstren, und die Rache- und Gewaltfantasien, die neben dem Gerechtigkeits- und Wahrheitsfanatismus den Kriminalroman allzu häufig bestimmen, gehören nun mal in die Tiefschlafphase der Vernunft. So als ob noch nie jemand davon gehört hätte, dass es ein Ende der Gewalt nie geben wird. Wird sie einmal zugelassen, ist sie kaum mehr einzufangen.

Was also soll man davon halten, wenn am Ende dieses Romans von Jo Nesbø ein gesichtsloser Mörder seinen Auftraggeber und sein Opfer niederschießen und mit Billigung des Hauptpolizisten Harry Hole entfliehen darf? Was ist von einem Polizisten zu halten, der die Wahrheit und die Rache über das Recht stellt? Der die Lektion, die ihm sein alter Freund und Vorgesetzter Bjarne Møller erteilt, nicht lernen will? Was unterscheidet ihn noch von seinem Erzfeind Waaler, der das Falsche und damit Böse tut, weil er anfangs das Richtige tun wollte? Nichts, außer dass er immer wieder ins Saufen gerät. Als Hole noch gegen Waaler und seine Alkoholsucht kämpfen musste, war er sympathischer. Jetzt, wo er die Wahrheit und die Erlösung über das Recht siegen lässt, ist er nur ein weiterer Fanatiker, der glaubt, klüger und gerechter zu sein als das Rechtssystem. Denn das ist immer feige, das ist immer schwach, es sieht nie nur das Opfer, sondern ist so unverschämt, auch den Täter – wer immer es auch sei und welche Untaten er auch immer verübt haben mag – Rechte zuzubilligen. Was der Moment ist, in dem der Opferschutz besonders massiv ins Feld geführt wird.

Rächer gibt es zahlreiche in der Kriminalliteratur, für die das Recht sich auf das Prinzip Vergeltung, Auge um Auge, Zahn um Zahn, reduzieren lässt. Hole wird zu einem solchen Rächer, und es fragt sich, ob das nicht anzeigt, wie sehr unsere zivilisierten Gesellschaften aus Langeweile oder aus anderen Gründen mit dem Feuer zu spielen bereit sind. Die Beziehungen, die Nesbø selbst zum Balkankrieg herstellt, sollten Warnung genug sein, Warnung vor einer gesellschaftlichen Situation, in der der Staat und seine Repräsentanten nur noch Gewaltfaktoren unter anderen sind und nicht mehr Garant für den zivilisierten Umgang von Bürgern. Aber anscheinend ist das mittlerweile nicht mehr legitim, vielleicht auch nicht mehr reizvoll genug.

Dieser Roman von Jo Nesbø jedenfalls geht zwiespältig vor: Am Anfang steht eine Vergewaltigung, der andere folgen, es stehen die Kriegsgräuel zu Beginn, die einen Mörder erzeugen, der sich „Kleiner Erlöser" nennen darf und der die Bösen mordet. Eine letzte Tat steht ihm noch bevor, und er ist bemüht, sie so routiniert und schnell zu erledigen wie immer. Nur dieses Mal geht etwas schief. Er muss feststellen, dass er den Falschen umgebracht hat, also bleibt er und bemüht sich um sein eigentliches Opfer.

Das Problem, das der Osloer Polizei die Ermittlungen deutlich erschwert, ist, dass der Auftragskiller unsichtbar ist. Niemand hat ihn gesehen und niemand erkennt ihn wieder. Nicht Unscheinbarkeit – sonst beliebter Schutz der Killer –, sondern eine ungewöhnliche Modellierbarkeit seines Gesichts, das nie die Form behalten kann, ist die Ursache dafür. Nicht also am Gesicht kann der Killer erkannt werden, sondern nur an seinem Halstuch und wie er es knotet (eine Krawatte im eigentlichen Sinn). Später kommt der Geruch hinzu. Knapp 500 Seiten lang bilden nun Hole, einige seiner Kollegen, das richtige und das falsche Opfer und deren Umfeld eine intensive Sozialfigur, in der die Beziehungen und Interaktionen bestimmt sind von dem Willen des Killers, seinen Auftrag zu erfüllen, und vom Willen Holes, die Wahrheit zu erfahren. Für die Wahrheit ist er sogar bereit, den letzten Mord hinzunehmen und die Flucht des Mörders. Wahrheit gegen Recht?

Wenn Parabeln wie die Nesbøs nicht völlig ins Leere laufen sollen, sind sie als Lehrstücke über den Umgang der Menschen mit sich selbst nicht nur abzulehnen. Sie bilden auch ein Klima ab, in dem der Zivilisation ihre Basis abhanden kommt, und diesmal nicht, weil sie sich als zu schwach erweist, sich gegen die Desintegrationsmächte, die von außen kommen, zu wehren, sondern weil sie in der Abwehr der äußeren Gefahren sich selber aufgibt. Das mag als Warnung gemeint sein, oder als Diagnose – transportiert wird aber das Gefühl der höheren Gerechtigkeit. Aber die gehört niemandem und ist schlichtweg unerreichbar. Wer aber würde sich damit zufrieden geben?

Jo Nesbø: Der Erlöser. Kriminalroman. Aus dem Norwegischen von Günther Frauenlob. Ullstein, Berlin 2007. Zuerst gedruckt auf: literaturkritik.de (4/2008)

Gespenstergeschichten

Marek Krajewski steigt in die Unterwelt des belagerten Breslau

Das war wohl die schlimmste Zeit für die Stadt Breslau, jene Monate gegen Ende des Zweiten Weltkriegs, in denen die Stadt eingeschlossen war und sich – auf Geheiß der Hitlers – gegen die Eroberung zur Wehr setzte, selbst noch nach dem Tod Hitlers und nach der Kapitulation. Eine unsinnige Gegenwehr, der die „Festung Breslau" ihre beinahe völlige Zerstörung verdankt. Marek Krajewski aber wagt den Gang in die Vergangenheit der Stadt, die noch von Deutschen geprägt wird. Verhängnisvoll, wie man sagen muss.

Und wieder ist es Eberhard Mock, der sich auf die Suche nach einem Verbrechen macht, das so absurd und grauenhaft ist, dass es selbst beim Lesen den Atem nimmt. Mock wird mit seinem Bruder mit in den bereits von Sowjettruppen besetzten Teil der Stadt gerufen und findet dort eine auf den Tod verletzte junge Frau, geschunden, vergewaltigt und mit einer abgetrennten Hand. Die Frau stirbt, und Mock macht sich auf die Suche nach ihrem Mörder.

Dass es dafür zahlreiche Kandidaten gibt, wird angesichts der Zustände in der untergehenden Stadt kaum überraschen, zumal die Gewalttätigkeit von Nazis im Roman häufig mit sadomasochistischen Neigungen konnotiert wird. In diesem Fall rückt vor allem der Kommandant eines Internierungslagers in den Fokus, hat er doch allzu offenen Gefallen daran, die Tante der Getöteten, eine in der Stadt prominente Adelige, zu demütigen und zu quälen. Er sei ihr ehemaliger Kammerdiener und einer ihrer früheren Vertrauten, was auf alte Abrechnungen schließen lässt.

Die Vermutung ist das eine, der Beweis jedoch das andere, und so macht sich Mock auf die Suche nach Beweisen und nach der Möglichkeit, den sadistischen Offizier zu töten. Denn Mock ist vielleicht ein Gerechtigkeitsfanatiker, aber die Betonung liegt hier doch mehr auf dem Fanatismus. Oder sollte man eher sagen, dass Mock ein Romantiker des Rechts ist? Ist sein Ziel also, jene ihrer gerechten Strafe zuzuführen, die sie verdienen?

Das ist in Kriminalromanen und anderen Genres eine mittlerweile wieder gern genommene Abkürzung der Rechtsprechung, die freilich den Irrtum noch weniger ausschließt als es ein geregeltes Rechtssprechungsverfahren tut, in dem der eine oder andere auch ungerechtfertigt frei kommt. Das ist eine Erfahrung, die auch Mock machen muss – auch wenn es in diesem Fall nicht den Falschen getroffen hat. Freilich, den Tod hat der Kommandant auch aus anderen Gründen verdient (hat er?).

Krajewskis „Festung Breslau“ bewegt sich nicht nur in der Grauzone des Rechts und der Gerechtigkeit, sondern auch in einem „Ungefähr“ zwischen dem alten, deutschen Breslau und dem neuen polnischen Wrocław. Die „Festung Breslau“ ist keine von beiden Städten. In Krajewskis Szenerie ist sie ein Ort zwischen den Zeiten, in dem die Regeln und Konventionen aufgehoben sind. Eine anarchische Szenerie steht vor dem Leser auf, in der die einzelnen Figuren wie in einem Puppentheater auftreten und ihre Sätze sagen. Wie Puppen sind sie unempfindlich gegen das, was um sie herum geschieht. Zu lange ist es schon so und nicht anders.

Die Bewegung auf den Straßen wird mehr und mehr eingeschränkt. Mock verlagert deshalb wie alle anderen auch seine Gänge in die Unterwelt der belagerten Stadt. Ein System von Gängen und Kellern ist unter der Stadt angelegt und ermöglicht es, einigermaßen ungeschoren von einem Ort zum anderen zu kommen. Andererseits gerät die Szenerie mehr und mehr ins Unwirkliche. Es ist eine denkwürdige Unterwelt, die hier vorgeführt wird – und wenn man sich nicht darauf beschränken will, festzuhalten, dass Mock eben einfach nur unter der Erde die Stadt durchquert statt über der Erde, dann liegt darin Symbolkraft genug, sei sie kulturhistorisch oder psychoanalytisch angelegt.

Die Auflösung des Falles ist damit weitgehend kompatibel, auch wenn man angesichts der – insbesondere was den Einsatz absurder Gewalt angeht – opulenten Machart von Krajewskis Krimis einiges an überschüssigen Auszeichnungen akzeptieren muss. Aber das ist nicht zuletzt das Markenzeichen, das sich der Breslauer Altphilologe in seinen bislang erschienenen Krimis erarbeitet hat.

Krajewski bleibt dabei derart spielerisch und leichtfüßig (auch wenn es gewalttätige Aktionen sind, die geschildert werden), dass selbst Absurditäten ausschauen, als gehörten sie dazu. Ein okkultistischer Geheimbund, der sich vor der Öffentlichkeit fürchtet, wie in Krajewskis vorigem Krimi zu finden, einige Merkwürdigkeiten im deutschen Lokaladel und seiner Corona wie in diesem Fall – einfach zu lösen sind seine Krajewskis Rätselfälle für Mock nicht. Aber er besitzt die notwendige Beharrlichkeit, um auf Frist erfolgreich zu sein, und genügend Kondition, dass er sämtliche Widrigkeiten überwindet – auch die, die er selbst vor sich auftürmt.

Marek Krajewski: Festung Breslau. Ein Kriminalroman mit Eberhard Mock. Aus dem Polnischen von Paulina Schulz. Deutscher Taschenbuch Verlag, München 2008. Zuerst gedruckt auf: literaturkritik.de (7/2008)

Eine Studie in Recht

Ferdinand von Schirachs lakonische Schreibweise kommt auch in seinem neuesten Krimi bestens zur Geltung. „Tabu" ist ein literarisches und intellektuelles Vergnügen

Echte Verbrechen zeichnen sich in der Regel durch ihre Banalität aus, ein Umstand, der zu ihrer Zeit auch Hannah Ahrendt aufgefallen ist. Und das an einem Gegenstand, der weitaus Größeres betrifft als der Fall, den sich Ferdinand von Schirach in seinem neuen, schmalen, dabei beeindruckenden, also sehr, sehr lesenswerten Buch vorgenommen hat. Zumal „Tabu" ja kein wirkliches Verbrechen schildert, sondern ein echtes fiktionales Buch ist. Ein Krimi? Achja, warum nicht.

„Tabu" erzählt allerdings eigentlich von keinem Fall, sondern führt eine Herleitung und Simulation vor. Der Held der Geschichte, ein bildender Künstler namens Sebastian von Eschburg (alter Adel, abgesunken, wie es sich gehört) muss erleben, dass sich sein Vater, der ein veritables Doppelleben geführt hat, eines Tages nach der Jagd erschießt. Vulgo, Trauma. Die Eltern sind einander entfremdet, der Vater lebt meist in seiner österreichischen Jagdhütte, die er anscheinend in mühseliger Kleinarbeit mit kleinen Tuschkreuzen versehen hat, der Junge ist eh im Internat, die Mutter hat sich den Pferden verschrieben, was sie schließlich auch an den Rollstuhl fesselt, ein Unfall. Die Familie ist herzlich herzlos zueinander, der später dazukommende neue Lebensgefährte der Mutter, ein dämlicher Macher, der zu wenig mehr taugt als zum Großmaul.

Kein Wunder also, wenn aus dem Jungen nichts wird, außer Künstler eben. Er lernt bei einem Fotografen, macht sich selbständig und entwickelt ein sehr eigensinniges, in die Abgründe der abendländischen Kultur abtauchendes Konzept. Die Schönheit der Frau etwa wird als Überblendung von schönen Frauen vorgeführt. Und auch sein Verbrechen, das ihn schließlich wenigstens ins Untersuchungsgefängnis bringt, hat viel mit einer solchen Überblendung zu tun.

Merkwürdig ist das freilich allemal: eine Tages geht ein Notruf bei der Polizei ein, in dem eine junge Frau erklärt, entführt worden zu sein. Die rasch aufgenommene Suche führt zu unserem Fotokünstler, in dessen Wohnung und Wagen Fesseln mit Hautabschürfungen, Blutspuren und dergleichen mehr gefunden werden. Allerdings eskaliert die erste Vernehmung von Eschburgs, der ermittelnde Kripobeamte droht ihm mit Folter, um das Leben der Frau vielleicht noch retten zu können, die Staatsanwältin, die dem Verhör beiwohnt, unterbindet das nicht, sie schreibt jedoch eine Aktennotiz über den Vorfall. Von Eschburg jedenfalls gesteht unter dem Eindruck der Drohung, wie es scheint. Aber es gibt auch jetzt immer noch keine Leiche oder auch nur einen Hinweis auf die Identität der jungen Frau. Allerdings finden sich Fotos, die anscheinend das Opfer darstellen. Nur leider weiß niemand, wer sie ist oder sein soll.

In diesem Moment kommt der Strafverteidiger Konrad Biegler ins Spiel. Griesgrämig, rational, selbstgewiss und arrogant, krank und müde, auf Urlaub, der der Erholung dienen soll, aber es hilft nichts, er hat keinen Spaß am Spazierengehen und an den anderen Vergnügungen, die die Leute in die Alpen führen. Er ist ein überzeugter Strafanwalt, der eigentlich seine Pause braucht. Aber die Aktennotiz der Staatsanwältin bringt ihn dazu, sich dieses merkwürdigen Mandanten anzunehmen. Womit denn genug von der Handlung wiedergegeben ist.

Erzählt wird das Ganze in zwei großen Abschnitten. Im ersten begleiten wir von Eschburg durch seine Kindheit und Jugend bis zu dem Zeitpunkt, als eine geheimnisvolle junge Frau ihn auf einer Vernissage anspricht. Der zweite Teil ist der Verteidigung von Eschburgs bis hin zur Aufklärung gewidmet, die statt des Verbrechens eine groß angelegte Performance vorführt. Das vermeintliche Opfer hat nie existiert, zumindest so nie existiert. Ein immerhin interessanter Ansatz, den nachzuvollziehen sich lohnt.

Dabei bleiben die Lehren dieses Stücks Konzeptkunst einigermaßen im Dunkeln: Das Rechtssystem wird zwar vorgeführt, aber warum das? Eine Anklage gegen von Eschburg auf Grund eines Notrufs und einer Reihe von Spuren und Indizien zu erheben, mag so fern nicht liegen. Es scheint zudem so, als ob von Eschburg im Verfahren selbst die Performance gesehen hat, denn er schaltet – hinreichend geplant – erst dann Biegler ein, als Indizien und Geständnis ihn mit hinreichender Sicherheit für längere Zeit ins Gefängnis bringen. Dass der wiederum so erfolgreich dabei ist herauszufinden, dass alles ganz anders, nämlich Kunst war, kann man provozieren, aber planen? Die Kontingenzbehaftung unserer Welt spricht eigentlich dagegen. Ein Anfall von Interesselosigkeit, die literarischen Figuren mit einer solchen Bedeutung aber eigentlich nie befällt, hätte von Eschburgs Kalkül auflaufen lassen. Aber dem ist eben nicht so. Stattdessen schimpft und nörgelt sich Biegler durch den Fall und schließlich den Prozess, den er natürlich grandios abschließt. Dafür war er denn doch zu synthetisch und exemplarisch angelegt.

Denn zur großartigen Form läuft von Schirach in den Teilen des Textes auf, in denen es – schließlich vor Gericht – um die Legitimität der Folterandrohung durch den ermittelnden Beamten geht. In diesen Passagen wird mit bewundernswerter Geduld herausgearbeitet, warum Folter nicht einmal in einer hypothetischen Form eine denkbare Handlung in einem funktionierenden Rechtssystem sein kann. Sie ist nicht nur amoralisch und funktions-, mithin erfolglos, sie ist zudem von ungemein großer destruktiver Gewalt. Sie zerstört den Zusammenhang einer Gesellschaft, weil sie – selbst wenn sie in Einzelfällen zur Rettung eines Opfer führen mag – im Gesamten die Wahrheitsfindung, wie sie rechtlich geboten ist, unterbindet und durch das Gewaltprinzip ersetzt. Sie lässt eine Grenzziehung zwischen Erlaubtem und Nicht-Erlaubtem nicht zu und setzt jeden, der einmal in die Fänge der Ermittlungsbehörden geraten ist (zurecht, durch Missverständnis oder gar durch Missbrauch), einem unüberprüfbaren Urteil aus. Die Folter wäre das Ende der zivilen Gesellschaft und der Beginn eines Unrechtssystems – und das stellt von Schirach über seinen Protagonisten Biegler klar. Dafür ist ihm zu danken.

Ferdinand von Schirach: Tabu. Roman. Piper, München/Zürich 2013. Zuerst gedruckt auf: Fixpoetry 2014

Selbstjustiz und Rache

Bekenntnisse

Einzlkinds „Billy" ist ein erstaunliches Stück Literatur. Konsequent und bitter, dabei klarsichtig und (fast) vollkommen

Man kann eine Menge Schlechtes über den Krimi sagen, ohne dass man ihm damit besonders viel Unrecht tut. Ein enges Genrekonzept, ungemein schlechte oder ungemein ausufernde Texte von ungeheuer untalentierten Verfassern, eine Schwemme ohnegleichen und vieles mehr. Aber das ist eben nicht die ganze Wahrheit. Immer wieder erscheinen Texte, die derart klar angelegt und überlegt durchgeführt sind, dass es erstaunlich ist, dass nicht schon früher jemand auf eine solche Idee gekommen ist. Und trotzdem noch Krimi? Wenn das Kind einen Namen braucht.

Einzlkinds „Billy" also – abgesehen davon, dass dieses Buch höchst vergnüglich zu lesen ist und seine Leser gehörig auf Abwege führt, muss man die intellektuelle Klarheit der Autors bewundern. Dass „Billy" eine Ausnahmeerscheinung ist, liegt allerdings auch daran, dass sich das Konzept wohltuend vom Einheitsbrei im Krimi abhebt, und das mit den Mitteln der Normliteratur. Also viel Reflexion, viel Subjekt, viel Psychologie und eigentlich sehr wenig Handlung. Einzlkind muss also nichts wirklich neu erfinden, er muss nicht einmal gegen Regeln verstoßen, um etwas Außergewöhnliches zu schaffen: ein Buch über einen Killer, der für Gerechtigkeit sorgen will, ohne in die Moralfalle zu geraten, der sich dessen bewusst ist, dass das Rechtssystem Lücken hat und der dennoch nicht dem zentralen Widerspruch des Gerechtigkeitsprinzips entgeht, nämlich dass es keine Gewissheit gibt, dass der Gerechte nicht das Ungerechte tut, mithin dass er nicht den Falschen trifft.

Aufgebaut ist das Buch als Bekenntnis des Killers, der als Exekutive eines lukrativen Unternehmens im fernen Schottland dient, die die Lücke füllt zwischen dem, was das Recht noch vermag und die Gerechtigkeit will. Dabei sind Billy und Kollegen keine willfährigen Exekuteure jedweden Rachsüchtigen. Sie bieten ihre Dienste nur denen an, denen grundlegendes Unrecht getan wurde, und sie exekutieren auch nur diejenigen, die die Rache wirklich verdienen, Serienkiller, Folterer, Vergewaltiger, Kindsmörder, die ihrer Strafe entgangen sind.

Dass sie das selbst nicht gerechter macht, ist Billy durchaus bewusst. Dennoch versteht er sich als Instrument der Gerechtigkeit – was selbstverständlich voraussetzt, dass nach dem Auftrag in jedem Fall eine gewissenhafte Recherche folgt, damit die Rache auch den Richtigen trifft. Der Tod, der dann die vormaligen Täter trifft, soll also die Welt wieder in Ordnung bringen, die durch mangelnde Strafe ins Ungleichgewicht geraten ist. Ein klassisches Rechtsmotiv, und selbstverständlich, Billy übt Vergeltung, Rache.

Das ist vielleicht nur eine kleine Note, greift aber dem schnellen Impuls vor, Billys Unternehmen gleich ganz abzutun und die im Zentrum stehende Abhandlung zum Verhältnis von Recht zu Gerechtigkeit nicht von vorneherein als Ablenkung und Selbstrechtfertigung abzutun. Denn Einzlkind unterläuft damit den Kurzschluss des Gerechtigkeitsprinzips, aus dem Versagen des Rechtssystems und seiner Nachweiseverfahren die Belastbarkeit der Intuition abzuleiten. Billy ist also kein Feind des Rechtssystems. Er versteht sich hingegen als ergänzendes Prinzip, das dann greift, wenn das Rechtssystem an seine Grenzen kommt und eben nicht mehr strafen kann, weil es an Regeln gebunden ist oder der Täter sich ihm zu entziehen versteht.

In der Regel ist das der Moment der empathischen Empörung, die sich zudem nicht in die Geduld üben will, dass wo gestraft werden soll, auch gehört werden muss. Immer dann insbesondere, wenn der Täter zweifellos zu sein scheint, schließt sich das Gerechtigkeitsprinzip selbst kurz. Das tut es mit gutem Grund, vor allem in der modernen Welt. Denn es schafft damit mit einem Mal Gewissheit, wo es zuvor nichts als Unsicherheit und Ungewissheit gab.

Zwar taugt das Gerechtigkeitsprinzip zugleich in der Moderne wenig, weil sie eben vor allem abstrakt, regelgeleitet und musterorientiert ist. Gerechtigkeit aber will den persönlichen Moment, die Genugtuung, die eigene Vergeltung und den intimen Zusammenschluss von Opfer und Täter. Sie will Verantwortlichkeit, obwohl Verantwortung vorgeblich ans System vergeben worden ist. Sie will eine Gleichung ziehen, und sie will dies persönlich, wo keine Balance herzustellen ist. Das unterscheidet die Vergeltung in der Moderne von ihrer antiken Variante, deren Basis ja stärker personalisierte Beziehungen waren. In einer entpersonalisierten Gesellschaft ist der Einzelne nochmal wie schuldig?

Um dies abzuleiten, nimmt sich Einzlkind sehr viel Zeit: Der Killer braucht lange, bis er an den Punkt kommt, das Geschäft des kleinen schottischen Familienunternehmens zu schildern, in das er vor einigen Jahren eingetreten ist. Bis dahin gibt sich der Roman als recht bedächtige autobiografische Abschweifung – wie ich wurde, was ich bin – und als umsichtige Hinleitung zum Schlusstableau, das es dann in sich hat. Denn eine Hinrichtung steht nicht nur am Anfang des Textes, sondern auch an seinem Ende. Und eben auch die Einsicht, dass das angebliche Gegengift gegen die entfremdete Welt nicht wirkt. Dass also Vergeltung – egal wie sehr sie sich abzusichern versucht – nicht davor gefeit ist zu irren.

Die Furcht vor dem Irrtum und die Gewissheit, dass die Rache nicht irren kann, gehen eine verhängnisvolle Verbindung ein, der selbst Billy nicht entgehen kann. Denn auch er irrt, trotz aller Präzision in der Recherche zu seinen Fällen, trotz aller Versuche, aus der intuitiven Gewissheit eine faktenbasierte zu machen. Trotz aller Versuche also, aus der Vergeltung doch wieder ein gerechtes Prinzip zu machen, das sich dem Recht wieder nähert.

Dass das konsequent ist, lässt sich der Erzählung immerhin entnehmen. Sie ist um die Grundfigur des Bekenntnisses angelegt, das zugleich die Folie der groß angelegten Selbsterklärung, der Autobiografie ist. In diesem Bekenntnis aber kehrt die Erzählung wieder zu jenem Grundprinzip zurück, dass dem mörderischen Prinzip zugrunde liegt: zur Willkür. Sie ist es, als Variation, in der sich die Macht des einzelnen besonders ausprägt, solange sich niemand ihr entziehen kann. Billy kann nicht.

Einzlkind: Billy. Roman. Insel Verlag, Berlin 2015. Zuerst gedruckt auf: Fixpoetry (1/2016)

Die Gewalt ist unter uns

Mechtild Borrmanns kleiner Exkurs in die Abgründe der menschlichen Gesellschaft

Dass Gewalt eine der essentiellen menschlichen Ausdrucksformen ist, ist einigermaßen anerkannt, wenngleich sie in der zivilen Gesellschaft keinen Raum mehr einnehmen soll und an ausdrücklich dafür benannte Exponenten delegiert wird, an Polizisten und Soldaten zum Beispiel, die allesamt im Auftrag des Staates Gesellschaft beschützen und regulieren helfen sollen. Dennoch tut einem Gewalt nicht den Gefallen und bleibt ansonsten unsichtbar, sie ist dennoch präsent, auch wenn sie nicht absehbar ist oder unscheinbar.

Mechtild Borrmann nun unternimmt den interessanten Versuch, verschiedene Formen der Gewalt in der Gesellschaft – also „mitten in der Stadt" – zugleich darzustellen. Dabei macht sie Opfer zu Tätern und Täter zu Opfern, sie lässt bislang unbescholtene Menschen zu den falschen Mitteln greifen und zeigt die Zerstörungen, die Gewalt dabei anrichtet.

Methodisch tut sie dies, indem sie auf knappstem Raum – „Mitten in der Stadt" umfasst gerade einmal 219 Seiten – zwei Geschichten parallel führt. Da ist zum einen der Überfall auf ein Juweliergeschäft, der fatal an einige Überfälle erinnert, die in den letzten Monaten auf Geschäfte ähnlicher Art erfolgreich durchgeführt worden sind. Mit einem der üblichen aufgemotzten Geländewagen, der auch noch mit einer Ramme ausgestattet worden ist, durchbrechen die Räuber die Scheibe des Juwelierladens, räumen danach die Auslagen fein säuberlich leer und verschwinden wieder. Dumm ist nur, dass der Fahrer beim Zurücksetzen aus den Scheibentrümmern einen jungen Mann anfährt, der – in der Meinung, dass es sich bei dem Ganzen um einen Unfall handelt – zur Hilfe geeilt ist.

Der junge Mann kommt zwar nach einer kurzen Krise wieder zu Kräften, aber sein Onkel, der gleichfalls einer der vergeblichen Unfallhelfer war, will sich an den Räubern rächen, denn er glaubt, den Fahrer erkannt zu haben. Nach kurzer Recherche findet er ihn auch, und er und der Vater des Jungen verabreichen ihm eine kräftige Tracht Prügel. Danach ist ihr Gerechtigkeitssinn zufrieden gestellt und alles könnte wieder in ruhige Bahnen kommen, aber der Fahrer wird wenig später von der Polizei, die ihm gleichfalls auf den Fersen ist, tot aufgefunden. Das nun macht den beiden Männern größere Sorgen, sie fürchten, bei ihrer Revancheaktion etwas zu weit gegangen zu sein.

Parallel dazu erzählt Borrmann die Geschichte der Frau des Fahrers, die unter den Gewaltausbrüchen und Eifersuchtsattacken ihres Mannes zu leiden hat, ein

Kind nach dem anderen bekommt, von denen eines auch noch schwer behindert ist, und die mehr und mehr die Kontrolle über ihr Leben verliert.

Das Ganze ist stringent erzählt und eigentlich ohne große moralische Wertungen. Das überlässt Borrmann geschickt genug der Handlung selbst und deren Fortgang. Denn nicht nur den beiden Männer, die den Fahrer niederschlagen, gerät ihr Handeln außer Kontrolle, auch für alle anderen Beteiligten ist der Fortgang des Geschehens immer weniger kontrollierbar.

Dass hinter dem Überfall nicht die Diebesbande steckt, die die Überfallserie zu verantworten hat, die hier Pate gestanden hat, wird rasch klar. Die Fälle werden entsprechend schnell, sachlich und konstruktiv aufgelöst. Borrmann beschleunigt und spitzt die Handlung zu, wenn es notwendig ist, und man hat immer den Eindruck, dass sie die einzige ist, die die Kontrolle behält. Und was kann man Besseres über eine Autorin sagen? Dabei wirken die Handlungsstränge nicht einmal allzu konstruiert. Sie tragen die Absichten ihrer Autorin angemessen, sie sind ausgearbeitet genug, um plausibel zu sein, und sie überfrachten den Text weder mit übermäßig komplizierten Fällen noch mit nicht notwendigen Informationen über den Alltag und das Privatleben der Ermittler. Was von ihnen preisgegeben wird, hat im Erzählgeschehen Funktion und erläutert Handlungen und deren Konsequenzen.

Das aber ist immerhin eine Besonderheit, die Borrmanns Krimi von den überbordenden Schmökern, die im Standardprogramm das Krimipublikum bedienen, unterscheidet und die hier dankbar mitgeteilt werden soll. Freilich wird damit jedoch eher ein Publikum bedient, das an Erkenntnis, oder sagen wir, an kleinen, überschaubaren epistemologischen Experimenten interessiert ist. Und dass die Welt (auch die Lesewelt) nicht nur aus solchen Leuten besteht, sei immerhin eingeräumt.

Die Lehren, die aus solchen Texten zu ziehen sind, sind einigermaßen klar: Lasst die Polizei am besten ihren Dienst tun, und stellen wir doch unsere Rachegelüste zurück. Dafür gibt es am Ende doch zu viel in dieser Gesellschaft, das im Argen liegt und um das zu kümmern viel verdienstvoller wäre.

Mechtild Borrmann: Mitten in der Stadt. Pendragon, Bielefeld 2009. Zuerst gedruckt auf: literaturkritik.de (11/2009)

Afrikanische Vergangenheitsbewältigung

Bernhard Jaumann versucht sich an der Frage danach, was Gerechtigkeit ist

Die Nachwirkungen gesellschaftlich etablierter Gewalt, einer Staatsmacht, die über Jahrzehnte mit allen Mitteln die Überlegenheit eines rassistischen Systems zu beweisen sucht, sind kaum zu unterschätzen. Staatlich sanktionierte Gewalt wirkt lange nach – der Wunsch nach Sühne, Recht, Gerechtigkeit ist aber eben nicht nur ein Instrument, um die vormalige Gewalt auszubalancieren. Es ist auch ein Instrument, Gegenwart zu bestimmen. Gerade dieser zwiespältige Charakter des Rechtsempfindens kann den Übergang von Gewaltregimes zu zivilen Gesellschaftsformen deutlich stören. Freilich bleibt auch dann noch die Frage, ob es eine Alternative zu einer rechtlichen Aufarbeitung von Vergangenheit gib. Eine, die sich aufs subjektive Rechtsempfinden stützt, kann sie jedenfalls nicht bieten – nicht zuletzt, weil es mit gutem Grund irren muss.

Die Frage nach dem Recht und dessen einzig legitimen Träger beschäftigt den Kriminalroman in den letzten Jahren intensiv. Legalisten stehen dabei Legitimisten beinahe unversöhnlich gegenüber. Legitimisten wollen das Recht in die Hände der Betroffenen legen und jedes formale Verfahren unterlaufen, weil sie ihm nicht zutrauen, korrektes Recht zu sprechen. Das führt zu gerechten Morden und legitimen Hinrichtungen ohne jeden Rechtsanspruch von Tätern.

Dem stehen jene gegenüber, die in jedem Fall das Rechtsverfahren gewahrt sehen wollen, auch auf die Gefahr hin, dass es die offensichtlichen Täter ungestraft davon kommen lässt, weil Beweise nicht reichen oder Formalia verletzt wurden. Dass aufgrund von Täterrechten Taten ungesühnt bleiben, ist dabei eines der moralischen Dilemmata, die der Krimi-Legalismus entstehen lässt. Dennoch bleibt es eines der Basisprinzipien des Rechtsstaats, jemanden davonkommen zu lassen, weil er als Täter nicht zweifelsfrei erkannt ist.

Bernhard Jaumann diskutiert diese Problematik nun anhand eines Falls aus dem südlichen Afrika. In Namibia werden ehemalige Agenten eines südafrikanischen Geheimdienstes, der in den Spätzeiten der Apartheid aggressiv gegen die Anti-Apartheid-Bewegung vorgegangen ist, ermordet. Sie waren, wie es aussieht, allesamt am Mord an einem weißen Aktivisten der Bewegung beteiligt, der aber ungesühnt geblieben ist – aus welchen Gründen auch immer verliefen die Ermittlungen im Sande. Anklage wurde nie erhoben, die Täter kamen unbehelligt davon und leben mittlerweile in den verschiedenen Staaten des südlichen Afrikas.

Eine junge schwarze Polizistin wird als Ermittlerin eingesetzt, eingespannt in ihr anstrengendes Familienleben, das durch ihren nutzlosen Bruder und zahlreiche Tanten geprägt wird, und in ihren Ermittlungen durch schläfrige Behörden und Vorgesetzte, denen die Ermittlungslinien nicht zu passen scheinen, behindert. Die Verbrechen treffen dabei Opfer, die im alten Regime erbarmungslose Täter waren – was nun geschieht, ist also in einem höheren Sinne rechtens? Immerhin wäre das zu fragen. Und die schwarze Polizisten, Clemencia Garises, ist immerhin so als Figur gezeichnet, dass ihr solche Überlegungen keineswegs fremd sind.

Freilich lässt sie sich von solch naheliegenden Haltungen ebenso wenig beeinflussen wie von ihren Kollegen, die sich in die eine oder andere Spur hartnäckig verbeißen. Da ist einer, der sich nur dadurch auszeichnet, dass er tut, was man ihm sagt. Ein weiterer verfolgt die Vermutung, dass die SWAPO selbst hinter dem Mord gesteckt haben muss. Der Chef selbst hetzt sie auf die Möglichkeit, dass ein einigermaßen lohnenswerter Diamantenschmuggel hinter den Morden steckt, die Opfer also nur zufällig auch alte Regimeagenten sind.

Parallel mit den Ermittlungen Garises' wird der Erzählstrang um den Killer selbst geführt, den wir bei seinen Reisen und seinen Morden begleiten dürfen. Dass er krank ist, ist offensichtlich, dass er auf den Tod krank ist, wird mit der Zeit erkennbar, dass er nicht aus dem Nichts auftaucht, sondern unvermutet Verbindungen zu einer der Figuren hat, die bereits mit dem Mord an dem SWAPO-Aktivisten beschäftigt waren und damals mit der Verfolgung der Täter gescheitert sind, stellt sich mit der Zeit heraus.

Es ist dabei ermutigend, dass Jaumann bereits mit der Anlage seines Krimis die eingangs thematisierten Überlegungen zur Legitimität der Rache – denn um nichts anderes handelt es sich hier – erzählerisch umgesetzt hat. Mit dem Mörder, der Mörder tötet, wird aber kein Held etabliert, nicht einmal ein ehemaliges Opfer, dessen Handeln Verständnis fordert. Der Killer ist ein Killer, auch wenn er meint, der Gerechtigkeit zu dienen. Auch der nach Gerechtigkeit suchende ehemalige Richter, der im Leben nach dem Amt das Recht in die eigene Hand nimmt, wird nicht entschuldigt. Jaumann unternimmt stattdessen den Versuch, den Selbstgerechten wieder dem Rechtssystem zuzuführen. Und das wirkt sogar einigermaßen plausibel.

Bernhard Jaumann: Die Stunde des Schakals. Roman. Kindler, Reinbek bei Hamburg 2010. Zuerst gedruckt auf: literaturkritik.de (7/2010)

Gute Mörder, schlechte Mörder

Deon Meyer spielt mit den Grautönen menschlicher Existenz auf

Gelegentlich muss man Kolleginnen und Kollegen loben. Dass dieser Roman den Deutschen Krimipreis bekommen hat, ist gerecht. Deon Meyer argumentiert nicht nur differenziert, er benutzt nicht nur ein angemessenes Menschenbild, in dem alle Schattierungen moralischen Handelns und Fehlverhaltens aufgehoben sind, ohne von vorneherein verurteilt zu werden, er erzählt auch gekonnt. Drei Figuren und mit ihnen drei Erzählstränge prägen seinen Roman. Das Ganze ist intelligent anlegt und erfüllt zugleich die wichtigste Regel des Krimigenres, nämlich kurzweilig zu sein. Zugleich gelingt es Meyer, die Konsequenzen und Verläufe der Normalisierung und Modernisierung Südafrikas in das private Leben seiner Protagonisten einzubetten, ohne dass sie an Lebendigkeit und Plausibilität verlieren. Das Private ist politisch, das Politische privat – und ohne eine Gesellschaft, die funktioniert, gibt es kein einigermaßen erfülltes Leben. Je weniger sie funktioniert, je weniger sie zu einer Art zivilen Normalität kommt, die zugleich offen und tolerant sein muss, desto furchtbarer wüten die Verhältnisse unter den Menschen. Also muss alles getan werden, damit eine zivile, eine zivilisierte Gesellschaft möglich wird. Und dazu gehört eben auch ein funktionierendes Rechtssystem, das zwar irren, Irrtümer aber auch immer korrigieren kann. Erstaunlich und bemerkenswert, dass es gerade in letzte Zeit gehäuft Texte wie diesen gibt, in denen die Abkehr von jeder Lynchjustiz und mag sie auch den Schuldigen treffen, so kundig und intelligent begründet wird.

Ort des Geschehens: Südafrika, Zeit: lange nach der Apartheid. Thobela, ein Killer, ein Freiheitskämpfer, der zeitweise seinen Lebensunterhalt als Leibwächter eines Drogenbarons gefristet, will sich aufs Land zurückziehen. Nachdem seine Frau gestorben ist, bleibt nur noch ihr Sohn (und sein Stiefsohn), für den es zu leben lohnt. Der zwölfjährige Junge wird jedoch das Opfer eines tödlichen Zufalls, erschossen bei einem Tankstellenüberfall. Die Täter werden zwar verhaftet, aber sie entkommen aus dem Gefängnis, wohl mit Hilfe bestochener Wächter. Das ist der Moment, in dem Thobela „rot" sieht. Der Schmerz über den Verlust des Sohnes schlägt um in den Wunsch, all die zu strafen, die sich an Kindern vergehen. Seine Waffe, mit der er strafen will, ist ein afrikanischer Kurzspeer, ein Assegai. Die Quelle seiner Informationen: die Medien. Es dauert nur kurze Zeit, bis er zum „Artemis-Mörder" wird (weil man anfangs glaubt, es mit einer Frau zu tun zu haben), zu einem Gerechten, der die zu Unrecht entflohenen und verschonten Mörder und Gewalttäter straft. Die Öffentlichkeit applaudiert. Thobela sieht sich im Recht – bis er einsehen muss, dass er selbst Unschuldige getötet hat.

Benny Griessel wachte eines Morgens auf und seine Frau wirft den Säufer aus dem Haus, der sie am Abend zuvor geschlagen hat. Er hat ein halbes Jahr Zeit, trocken zu werden. Dann wird sie es sich noch einmal überlegen. Griessel versucht es, zugleich ist er an einen der kniffligsten Fälle gesetzt, den es derzeit in Kapstadt gibt, den des Artemis- oder Assegai-Mörders. Es gibt keine Spuren, keine Hinweise, kein Motiv, das eindeutig zuzuordnen wäre. Nach und nach gelingt es Griessel, Thobela einzukreisen, und er stellt ihm eine Falle. Aber wie immer geht alles schief. Wieder trifft es einen Unschuldigen, und am Ende ist Griessel sogar auf die Hilfe Thobelas angewiesen. Dass Griessel zur gleichen Zeit versucht, mit seiner Alkoholsucht und dem Entzug fertig zu werden, macht das Ganze für ihn nicht einfacher, seine Reaktionen freilich für die Leser plausibler. Die Kluft zwischen dem Durchschnittsmenschen Griessel und dem überaus erfolgreichen, also außergewöhnlichen Polizisten Griessel bleibt offen.

Schließlich die Prostituierte Christine van Rooyen, die zu einem Priester geht, um mit ihm darüber zu reden, was sie angerichtet hat, mit ihrem Leben, mit ihrer Tochter und mit dem Versuch, sich und ihre Tochter aus dem Zugriff eines in Südafrika wirkenden kolumbianischen Drogenbarons zu entziehen. Die Folge ist ein mindestens ein Blutbad, bei dem allerdings die Guten gewinnen und die Bösen verlieren, wie es sich gehört.

Ein Schwarzer auf Rachefeldzug, ein weißer Alkoholiker auf dem Entzug und eine weiße Edelprostituierte, die aussteigen will: Meyer versteht es, daraus ein hochinteressantes Spiel zu kreieren, die Stränge lange Zeit unverbunden nebeneinander zu führen, um sie am Ende doch zusammenzuschnüren. Dabei lässt er es sich durchaus offen, jede dieser Figuren weiterzuentwickeln und ihr weiteres Profil, so etwas wie ein echtes Leben zu verpassen. Man wird also auf Fortsetzungen gespannt sein können.

Deon Meyer: Der Atem des Jägers. Thriller. Aus dem Englischen von Ulrich Hoffmann. Rütten & Loening, Berlin 2007. Zuerst gedruckt auf: literaturkritik.de (11/2007)

Vom Waschen und nass machen

Ian Rankin kann John Rebus nicht ruhen lassen, und lässt ihn halbherzig Selbstjustiz üben. „Mädchengrab" ist ein Rankin und mehr eben nicht.

Wir verdanken Ian Rankin große Sätze, wie den, dass einem Mann nicht zu trauen ist, der nicht trinkt. In Schottland gesagt, ist das so eine Art Freibrief zum Alkoholismus, und so wird bis heute in Rankins Romanen gesoffen, was das Zeug hält. Und der Obermeister der Leberverächter ist eben John Rebus.

Der hört bis heute – also nach seiner Pensionierung – immer noch das Beste und Feinste, was an internationaler Populärmusik zu hören gibt. Selbst wenn der Mann mit sich nichts besseres anzufangen weiß, als ins Glas zu schauen, ist er popkulturell doch auf der Höhe. Jemand, der nicht nur die neueste Platte von Kate Bush kennt, sondern sie auch noch gelassen belächeln kann, muss was drauf haben. Zum Beispiel unschöne Fälle aufklären, an denen niemand interessiert ist, und das auch noch auf eine Weise, die allen aktuellen Anforderungen an moderne Ermittlungsmethoden Hohn spricht.

Sowieso ist dieser Rebus ein Mann von gestern. Nicht nur weil er tatsächlich in Rente ist und sich ein wenig damit beschäftigt, alte Fälle in der lokalen Cold-Case-Abteilung aufzuklären. Sondern auch, weil er alles vermissen lässt, was einen modernen Kriminalbeamten auszeichnet: Kompetenz, ja auch in Medien und Soziales, Neugierde, Disziplin, Pünktlichkeit, Offenheit und dergleichen mehr. Da riecht nichts mehr, da gibt es keinen ungesunden Gewohnheiten und zum Chef frech wird auch keiner. Da spricht man nicht mit Gangstern, da verhaftet man sie. Korruption ist ein Wort aus einer vergangenen Zeit, und so gehen denn alle einer neuen schottischen Polizei entgegen, von der man wahrscheinlich in ein paar Jahren auch wieder ganz anders reden wird. Denn unter einer solchen glatten Oberfläche müssen schon einige, ja „dunkle" Geheimnisse versteckt sein. Man wird dann sehen, was es sein wird.

Noch aber gibt es Rebus, und Rebus nimmt einen Fall auf, der bereits vor über zehn Jahren aufgegeben wurde. Eine junge Frau ist verschwunden, und ihre Mutter sucht immer noch nach ihr. Und sie hat herausgefunden, dass noch mehr Frauen und Mädchen an derselben Straße verschwunden sind. Sie erzählt das Rebus. Und wie es der Zufall will, nimmt er den alten Fall, um bei einem neuen mitmischen zu können. Mit dabei sein alte Kollegin Siobhan, die mittlerweile weiter aufgestiegen ist und wohl ganz gute Karrierechancen hätte, stünde sie nicht derart stark auf Rebus' Methoden (was sie weit von sich weisen würde, anfangs zumindest).

Über fünfhundert Seiten lang laufen die Ermittlungen, in denen naheliegender Weise Rebus die richtigen und richtungsweisenden Ideen hat, die am Ende wohl auch zum Täter führen würden, denn nachweisen kann man ihm nichts. Und an dieser Stelle wird es interessant: Rebus gehörte bislang nicht zu jenen Rächern der Gesellschaft, die zur Selbstjustiz greifen, wo die staatliche Rechtsprechung nicht hart genug durchgreift. Rebus ermittelt und er weist nach, und dann geschieht mit dem Täter, was geschehen muss.

Dem Paradigmenwechsel im Krimigenre kann sich aber auch Rankin wohl nicht ganz verschließen, und der geht in Richtung Rache. Was also geschieht, wenn dem Täter die Tat nicht nachzuweisen ist? Man nimmt das Recht selbst in die Hand. Allerdings schreckt Rankin davor wohl (noch?) zurück. Zwar lässt er die Ermittlungen in die Sackgasse laufen. Er ist sich sicher, dass er den Täter gefunden hat. Aber mehr als Indizien hat er – bei Lichte gesehen, das für Aufklärungen ja allemal ein guter Zusatz ist – beim besten Willen nicht.

Was also tun, wenn der Gerechtigkeit freie Bahn geschaffen werden soll? Wenns denn kein Mord sein soll? Rankins Lösung ist nun sicherlich beachtlich, auch wenn sie arg konstruiert ist. Dem Täter so viel Angst einzujagen, dass er sich lieber selbst anzeigt als unentdeckt in Freiheit zu bleiben – und zu sterben – ist keine feine Art, aber wird hier als erfolgreich vorgeführt.

Als Beweis lässt sich das zwar nicht heranziehen, aber als Überlegung. Allerdings muss man dafür auch ein paar mittelschwere Jungs kennen, die sich nicht davor zurückscheuen, selbst Hand anzulegen, wenns mal möglich ist. Hier sind es englische Ex-Militärs, was einen nicht für englische Militärs einnimmt. Aber nicht solche Beschaffungsprobleme, sondern die Konstruktion selbst ist problematisch, weil sie ja das Dilemma des Rechtssystems auszuhebeln, also Selbstjustiz möglich zu machen versucht, ohne Selbstjustiz zu üben.

Ian Rankin: Mädchengrab. Roman. Aus dem Englischen von Conny Lösch. Manhattan/Goldmann, München 2013. Zuerst gedruckt auf: literaturkritik.de (6/2013)

Von der Leine gelassen

Leif GW Persson plädiert in seinem neuen Krimi „Der sterbende Detektiv" für Rache als Rechtsprinzip

Eigentlich ist dieses Buch ein Skandal, und es hilft wenig, dass es klar ist, dass dem Autor das Skandalöse seines Krimis durchaus bewusst gewesen sein dürfte. Das Ganze wird auch nicht dadurch erträglicher, dass Rache als Rechtsprinzip anhand eines Verbrechens und eines Täters plausibel gemacht wird, über den es wenig zu diskutieren gibt. Ganz im Gegenteil: Gerade das Extrem sollte und müsste das Rechtsprinzip bestätigen und nicht dementieren.

Es geht dabei nicht einmal darum, dass auch einem Täter, so verabscheuungswürdig seine Taten auch sein mögen, das Recht auf ein faires Verfahren und Unversehrtheit zustehen. Alle diese Prinzipien werden in diesem Krimi ja immer und immer wieder betont – um sie dann im Schluss ohne weiteres über den Haufen zu werfen. Es geht vielmehr darum, dass ein Rechtssystem, das auch nur einigermaßen diesen Namen verdient, nicht auf Rache aufgebaut ist, sondern auf Strafe für ein konkretes Vergehen. Die Strafe bemisst sich nach dem Vergehen, ohne dass die Resozialisation des Täters damit suspendiert würde. Aber auch die steht nicht im Zentrum des Skandalons.

Skandalös an diesem Buch ist, dass Persson anhand eines verjährten Falles eines Kindesmissbrauchs zwar seinen lang bewährten Helden Lars Martin Johansson lauthals das Rechtssystem beschwören lässt und seine Erzählung sogar soweit vorantreibt, dass er eine Lösung für das Dilemma Tat ohne Strafe findet. Als es aber darauf ankommt, lässt er seinen Helden einfach seinen Tod sterben (am Anfang des Buches erleidet Johansson einen Schlaganfall, dem er an dessen Ende erliegt). Der entlarvte Täter, den Johansson vor die Wahl gestellt hat, sich selbst zu stellen und sich einiger nicht verjährter Verbrechen zu bekennen oder von wild gewordenen Päderastenmördern umgebracht zu werden, entkommt seiner wahren und angemessenen Strafe danach aber nicht. Und das, weil er die richtige Entscheidung trifft. Richtig im Sinne des Racheprinzips, denn er entscheidet sich, sich nicht selbst zu bezichtigen.

Deshalb wird er auch von einem Handlanger Johanssons, der zudem Zögling eines russischen Kinderheims war, in dem Missbrauch an der Tagesordnung gewesen ist, zu Tode geprügelt. Ein langsamer Tode, wie es ausdrücklich im Buch heißt. Und wenn man den Beschreibungen dieses Max Glauben schenken darf, dann kann man sich das einigermaßen vorstellen.

Persson lässt seine Protagonisten all die richtigen Dinge tun und sagen, die das Rechtssystem, an dessen Bestand nicht zuletzt unsere persönliche Sicherheit und Freiheit hängen, bestätigen: Distanz schafft die Möglichkeit, von Rache abzusehen. Nähe macht betroffen und Betroffene sind keine glaubwürdigen Akteure. Aber schon diese Passagen werden umrahmt von zahlreichen gefragten und ungefragten Stellungnahmen, in denen es stets darum geht, „das Schwein, das das getan hat", möglichst grausam umzubringen (erschlagen, eigenhändig, Augen auskratzen und dergleichen mehr). Der Vater des Opfers, dem nach 25 Jahren nun endlich Gerechtigkeit widerfahren soll, hat sogar eine Stiftung gegründet, die Mörder von Päderasten rechtlich unterstützt.

Das Verlogene an diesem Buch ist also, dass es in allem, was zitierbar ist, das Richtige tut und verlangt, aber die Erzählung die genau entgegen gesetzte Richtung einschlagen lässt. Am Ende siegt die Rache, ihr Protagonist wird noch belohnt, und der Gerechtigkeit ist Genüge getan. Nur das Recht ist demontiert, unrettbar.

Es ist keine Frage, und das soll noch einmal betont sein: Die Vergewaltigung und Ermordung eines Kindes ist widerlich. Dass die seligen 1970er Jahre jede sexuelle Disposition, eben auch die Päderastie zu akzeptieren bereit war, ist heute kaum noch erklärbar. Aber der Paradigmenwechsel, der in den letzten Jahren zu beobachten ist und für den die Kriminalliteratur einen sehr guten Index abgibt, ist kaum weniger befremdlich. Denn nach Vergewaltigung und Serienmord ist der Kindesmissbrauch zum neuen Kriminalparadigma geworden, an dem in Teilen der Gesellschaft Fragen von Recht und Gerechtigkeit diskutiert und entschieden werden. Je extremer das Verbrechen, desto legitimer wird dabei für einen Teil der Beiträger die direkte Reaktion, die Rache, die den Täter möglichst grausam bestraft und das auch gegen das Rechtssystem, das auf seinen Verfahren bestehen muss. Eine Gesellschaft aber, die das zulässt, nimmt sich jede legitime Grundlage und damit am Ende ihre eigene Existenzgrundlage. Das, wohin das führt, will niemand, auch nicht Leif GW Persson, wie anzunehmen ist.

Leif GW Persson: Der sterbende Detektiv. Roman. Aus dem Schwedischen von Lotta Rüegger und Holger Wolandt. Btb, München 2011. Zuerst gedruckt auf: literaturkritik.de (11/2011)

Im Erklärmodus

Reginald Hill kann nicht anders, alles restlos alles zu erklären: Trotzdem ist „Rache verjährt nicht" unterhaltsam genug

Sollte es irgendetwas geben, was irgendjemand am Ende dieses Krimis noch nicht weiß, so liegt das nicht daran, dass der Verfasser, Reginald Hill, vergessen hätte, auch hierzu die notwendigen Erklärungen zu geben. Stattdessen wird der betreffende Leser / die betreffende Leserin für einen Moment unaufmerksam gewesen sein, was auf knapp 700 Seiten schon einmal passieren kann. Soll heißen: nochmal lesen.

Wir haben es hier also mit einem großvolumigen Werk zu tun, das alles liefert, was zu liefern ist – und das damit einer Erzähllogik gehorcht, die ansonsten eher schlechten „Tatorten" zueigen ist: An deren Ende muss der Täter erst nochmal alles erklären und erzählen, bevor er dann wahlweise verhaftet oder erschossen wird. Alles zu erzählen und alles zu erklären, verträgt sich nicht gut mit dem sich aufklärerisch gerierenden Genre, obwohl ja gerade seine ordnungsstiftende Funktion (die mit der richtigen Wahrheit eng verbunden ist) unbestritten ist. Aber vielleicht trennen sich hier die Welten der Texte, die die Unsicherheit der Welt, wie wir sie sehen, betonen wollen, von denen, die demonstrativ behaupten, dass am Ende alles wieder ins rechte Lot kommt, wenn die Wahrheit nur ans Licht gebracht wird. Wenn dem so ist, dann gehört Reginald Hills „Rache verjährt nicht" (im englischen Original „The Woodcutter") zu der zweiten Gruppe, für die die Ordnung der Welt ein hohes Gut ist.

Dabei spricht der Plot des Textes überhaupt nicht dafür: Ein Mann auf der Höhe seines gesellschaftlichen und wirtschaftlichen Erfolgs wird des Kindesmissbrauchs, des Betriebs einer Kinderpornoseite und des Besitzes von Kinderpornos beschuldigt. Auf diese Weise angeschlagen, folgen die Betrugsvorwürfe auf dem Fuß, ist dieser Mann, Sir Wilfred Hadda, genannt Wolf, doch Chef einer jener Hedgefonds, die in den vergangenen Jahren unrühmlich auf sich aufmerksam gemacht haben und für so manchen Unternehmenszerschlagung verantwortlich gemacht werden. Sogar die Frankfurter Börse AG war schon Ziel von solchen Attacken. Dass Hadda Choleriker ist und sich der Verhaftung dadurch zu entziehen sucht, dass er den ermittelnden Beamten niederschlägt, später sogar aus dem Gefängnis flieht, bis er von einem Bus angefahren wird, ergänzt das Bild des Mannes aus den besten Wirtschaftskreisen Englands, für den eigene Gesetze zu gelten scheinen.

Allerdings ist von Anfang an klar, dass an den Anschuldigungen etwas oberfaul ist und dass Hadda Opfer eine Intrige wird, gegen die er sich nicht wehren kann, unter anderem deshalb, weil er nicht gewahr wird, dass er in ernster Gefahr ist. Die Geschehnisse folgen derart schnell aufeinander, wie auch die falschen Entscheidungen, dass Hadda bereits im Koma liegt, bevor er überhaupt realisieren kann, was da mit ihm geschieht. Damit könnte der Roman auch schon zuende sein, was er aber nicht ist, auch weil ja noch Raum für die Entwicklung des Themas ist, das wohl die Anregung zu dem wie immer dräuenden deutschen Titel ist (Rache eben).

Damit am Ende Rache sei, muss Hadda wieder aus dem Koma erwachen, was auch geschieht. Er ist zwar nachhaltig lädiert: Er hat ein Auge verloren und zieht ein Bein, das heftigst zertrümmert war, nach. Auch sitzt er in einer Haftanstalt ein und hat sich anscheinend völlig in eine eigene, unberührbare Innenwelt zurückgezogen. Der Mann ist gezeichnet, und niemand geht davon aus, dass er je wieder an seine alte Qualität heranreichen wird oder gar freikommt.

Was sollte er aber auch draußen? Die Frau seiner frühen Träume hat sich scheiden lassen, die halbwüchsige Tochter stirbt, während er im Gefängnis sitzt, das Vermögen ist in den Wirren der Wirtschaftskrise um 2000 verloren, der Rest in den Insolvenzen verteilt, ihm bleibt lediglich die Hütte des Vaters irgendwo auf dem Land. Da kann er auch bleiben, wo er ist. Ja, wenn nicht die Psychiaterin Alva Ozigbo wäre, die sich des Falls Wolfs annimmt – nicht um ihn zu entlasten, sondern um ihn dazu zu bringen, sich seiner Taten, für die er verurteilt wurde, zu stellen. Das geschieht – die Berichte und Erinnerungen Haddas tragen große Teile der Erzählung –, es kommt zur unvermeidlichen Katharsis und zur Freilassung Haddas. Keine Gefahr mehr für die Gesellschaft.

Mit anderen Worten, nun kann die Geschichte endlich beginnen und die Wahrheit ans Licht kommen. Die ist naheliegenderweise ein wenig kompliziert. Zu allem gibt es eine Variante, nichts ist so, wie es auf den ersten Blick scheint. Es folgt eine Geschichte von Schuld und Unschuld, Verrat und Rache, und von so etwas wie echten Freunden, die sich allerdings erst finden müssen. Vater-Sohn-Konflikte spielen ebenso eine Rolle wie die wahre Geschichte zwischen den Eheleuten, es kommt zu einem großen Finale und einem kleinen Nachhall. Am Ende steht eine Welt, die wieder geordnet scheint, weil alles erklärt worden ist, was zu erklären ist. Und am Ende steht auch der Eindruck, dass dennoch keine Zeile überflüssig war in diesem sehr dicken Krimi. Und das ist erstaunlich.

Reginald Hill: Rache verjährt nicht. Roman. Aus dem Englischen von Ulrike Wasel und Klaus Timmermann. Suhrkamp, Berlin 2013. Zuerst gedruckt auf: literaturkritik.de (6/2013)

Für das System oder dagegen?

Thomas Weiss macht einige Rechnungen auf

Im Grunde genommen ist die Sache klar: Der Fahrer Klaus Heuser tötet den amerikanischen Finanzinvestor Marc Schworz mit einem Pistolenschuss. Das Ganze ist kein Unfall oder ein Zufall, es ist klare Absicht. Heuser, der Schworz zum Flughafen fahren soll, entführt ihn stattdessen in ein abgelegenes Waldstück und erschießt ihn. Die Leiche packt er in den Kofferraum seines Dienstwagens und fährt Richtung Süden. Irgendwann wird er gestellt, verhaftet, verhört. Heuser erklärt sich nicht, außer mit Schriftstücken, die den bekannten deklamatorischen Stil der RAF aufnehmen und im Opfer, Schworz, den Täter ausmachen.

Schworz ist Teilhaber eines amerikanischen Finanzinvestors, dessen Geschäft darin besteht, auf der einen Seite viel Geld einzusammeln und auf der anderen Seite mit diesem Geld Firmen aufzukaufen und – nach einer überschaubaren Zeit – für ein Mehrfaches wieder zu veräußern. Zielobjekt solcher Bemühungen sind gründergeführte Unternehmen, in denen es keine Nachfolge gibt, Unternehmen in der Krise, Unternehmen, die saniert werden oder die sich nur ganz allgemein auf den sich verändernden Weltmarkt einstellen müssen.

Seitdem das Modell Deutschland, in dem Industrie und Finanzsektor eng miteinander verbunden waren, auseinander gefallen ist – weil es angeblich nicht mehr wettbewerbsfähig war –, treiben die Unternehmen den Umbau der Wirtschaft und der Gesellschaft voran. Immer mit dem Hinweis auf den Modernisierungsdruck, der von einer globalisierten Wirtschaft ausgehe. Wer sich nicht ändert, geht unter. Die Schattenseite der Modernisierung und Globalisierung für die alteingesessenen Industriestaaten ist, dass die Veränderung zum einen dem Profitinteresse der Investoren dienen soll, zum anderen auf regionale Befindlichkeiten keine Rücksichten nimmt (wohl auch nicht nehmen kann). Raus mit Gewinn heißt eben nicht, dass damit ein überlebensfähiges Unternehmen zurückbleibt. Und was mit den Sanierungsverlierern geschieht, steht auf einem zweiten Blatt geschrieben. So auch im Fall Grothe (der nicht von ungefähr an einen realen bundesdeutschen Fall erinnert). Kaum im Aufbau Ost in die Provinz verlagert, expandiert Grothe mit Hilfe der neuen Investoren nach Osteuropa und Asien. Die deutsche Niederlassung soll geschlossen werden. Der Alteigentümer sitzt in der Schweiz und genießt sein Altenteil. Die bundesdeutsche Erfolgsgeschichte ist eben nur für wenige ein Erfolg, die meisten nehmen nur ein paar Jahre daran teil, bevor der Betrieb weiter wandert, woanders hin, wo Arbeit billiger ist und die künftigen Absatzmärkte gleich nebenan.

In diesem Zusammenhang handelt Heuser, und er handelt extrem. Dass seine Tat ein Mord ist, daran gibt es keinen Zweifel, dass sie nicht exemplarisch ist, dass sie nicht zu legitimieren ist, ebenso. Das Besondere daran ist nur, dass Heuser als ehemaliges GSG 9-Mitglied an der Befreiung der Lufthansamaschine „Landshut“ 1977 in Mogadischu beteiligt war, einer der Helden, die die Entführung beendeten. Nun also hat er sich auf die andere Seite geschlagen und wird selbst zum Mörder? Dass der linke Terrorismus der 1970er Jahre die Repräsentanten des Systems treffen wollten, kehrt hier als Motiv wieder (anders als der kulturelle Terror von rechts, der alle treffen soll, die zu der anderen, zur Kultur des Bösen gehören). Das hat damals nicht funktioniert und funktioniert auch dieses Mal nicht. Denn der Tod von Schworz führt zu nichts als zu seinem Tod. Vielleicht zu einem erneut desillusionierten Heuser, aber den Betroffenen vor Ort nutzt er nichts. Nichts von dem, was Schworz begonnen hat, wird abgebrochen. Andere treten an seine Stelle und führen seine Areit weiter.

Weiss' Montageroman versucht nicht einmal, dieses Dilemma zu lösen, nach Rechtfertigungen oder Erklärungen zu suchen. Er stellt nur nebeneinander: Dokumente von damals, Berichte aus der Gegenwart, Interviews, Reden, Zeitungsartikel, Erzählungen. Aus jedem Blickwinkel sieht das Ganze anders aus, der Fall und seine Ursache. Das ist in diesem Fall ein wenig unbefriedigend deshalb, weil Weiss mit seiner Textmontage ja nicht beliebiges Material nebeneinander stellt, sondern nur das, was wie eine Legitimation dessen aussieht, was Heuser getan hat. Ja, Heuser hat seine Ansicht geändert, er hat die Seiten bewusst gewechselt, weil er heute die Welt anders sieht als in den späten 1970er Jahren. Weil er älter geworden ist, weil er erfahren hat, welche Auswirkungen der Kapitalismus und seine Repräsentanten haben? Immerhin hat er sie gefahren. Dass die Nähe zum System zynisch machen kann – gegessen. Aber dass das zu einer solchen Entscheidung führen soll, nämlich zum Mord an einem amerikanischen Finanzmenschen, das wird nicht plausibel, nicht einmal als Kurzschlusshandlung. Die RAF-Mitglieder hatten alle eine einschlägige Karriere absolviert, bevor sie in den Untergrund abtauchten. Sie waren aus den 1960er Jahren heraus politisiert und hatten sich ihren merkwürdigen Legitimationsgestus in jahrelanger Sozialisation angeeignet. Heusers Tat und Rechtfertigungsschrift nun aus heiterem Himmel, àla „Die fetten Jahre sind vorbei“? Unglaubwürdig.

Damit kommen wir an den Punkt, auf den das Buch anscheinend zusteuert: Die Jahre, in denen alle mit allem einverstanden sind, sind vorbei? Jetzt nehmen sie das Recht in die Hand und lassen die Repräsentanten des Systems die Auswirkungen ihrer Handlungen spüren, persönlich, tödlich? Das liest sich wie eine Variante zu den neuerdings aus den USA herüberschwappenden Selbsthilfekrimis, in denen der „Verbrecher“ nicht mehr dem Rechtssystem übergeben, sondern selbst gerichtet wird. Nur eben mit anderer politischer Ausrichtung. An diesem Punkt angekommen, zeigt Weiss zwar vor allem darauf, dass sich nichts ändert, trotz der Tat. Aber die Konsequenz daraus ist nicht die Einsicht in die Funktion von Politik (auf die es hier vor allem ankommt), sondern ein gefühltenr Zwang zur Fortsetzung und zum Ausbau des kurzschlüssigen Gewaltaktes. Wenn das nicht geholfen hat, dann muss es wohl noch ein bisschen mehr sein. Keine Frage, eine Interpretation dieses Lesers, aber auf den kommt es ja an (sagt der Klappentext). Er hat angeblich das letzte Wort. Aber soweit kommt es wohl noch.

Thomas Weiss: Tod eines Trüffelschweins. Steidl, Göttingen 2007. Zuerst gedruckt auf: literaturkritik.de (3/2008)

Männer in der Glaubenskrise

Rainer Gross setzt mit „Kettenacker“ die Geschichte von „Grafeneck“ fort

Der Erfolg des 2007 erschienenen Krimis „Grafeneck“ ist vielleicht unerwartet, aber nicht unerklärlich. Eine unprätentiöse Kriminalgeschichte mit historischem Thema, vor allem wenn es das Dritte Reich ist, hat einen solchen Erfolg auch verdient. Nun, nach fünf Jahren, kommt Rainer Gross auf „Grafeneck“ und damit auf die Geschichte um den Euthanasiemord an der Schwester des Protagonisten Hermann Mauser zurück.

Die Geschichte um den Skelettfund in einer Höhle liegt dreizehn Jahre zurück, Mauser ist mittlerweile lange pensioniert, sein Mitermittler, Kommissar Geving ist gleichfalls gealtert. Beide Männer sind aber nicht nur älter, zugleich sind auch die Grundfesten ihres Weltbildes erschüttert. Dem Kriminalermittler ist der Glaube an die Gerechtigkeit Gottes und des Rechts abhanden gekommen. Einmal alle Fesseln abwerfen und selber strafen können, dieser Wunsch treibt ihn um. Denn gerecht geht es auf dieser Welt nicht zu, und dass irgendetwas davon Gottes Wille sei oder auch nur von ihm zugelassen werde, kann er immer weniger glauben.

Mauser muss sich gleichfalls von einigen sicheren Ecksteinen seiner Existenz verabschieden: Die Behinderung der Schwester, die zu ihrer Ermordung im NS-Euthanasieprogramm geführt hat, war vielleicht auch nur ein großer Irrtum. Denn Mauser stößt bei einem zufälligen Gang im Wald bei Kettenacker auf eine Kinderleiche – ein Missbrauchsfall aus den 1930er Jahren. Das Kind war die Spielgefährtin der Schwester, die von einem Ausflug mit dem nun aufgefundenen Kind völlig verstört nach Hause zurückkehrt war. Das „Leisle“ aber blieb verschwunden und wird nun, viele Jahrzehnte später aufgefunden.

Eine historische Jagd auf den Mörder mag wenig sinnvoll erscheinen. Für einen Mann, der sich in seinem schlechten Gewissen gegenüber der immer bevorzugten behinderten Schwester eingerichtet hat, und einen Kommissar, der den Glauben verloren hat, ist das aber genau der richtige Fall. Denn beiden kommt es nicht aufs Recht, sondern auf die Gerechtigkeit an. Und die zahlt nun mal mit großem Geld. Mit dem Leben oder wahlweise dem Tod. Auf jeden Fall ist das ihr eigene Strafmaß immer sehr viel grundlegender als das des Rechts. Und die Rechte des Täters sind nichts, was sie wirklich interessiert. Die Gerechtigkeit ist eine grausame Richterin, die nichts als verbrannte Erde hinter sich lässt.

Und genau diesen Fragen widmet Gross einen großen Teil seines Krimis. Denn der Täter – zumindest der wahrscheinliche Täter – ist bald herausgefunden. Es ist, wie könnte es auch sein, jemand mit Vertrauensstellung. Es ist außerdem jemand, der nach all den Jahren nicht mehr lebt. Insofern könnten die beiden Ermittler Ruhe geben, aber sie geben sie nicht. Denn in diesem Fall tritt die Gerechtigkeit als Wahrheit auf, die öffentlich gemacht wird.

Gross behandelt diese Themen sorgfältig und gewissenhaft, er lässt dafür sogar und gottseidank die Krimihandlung eine Weile beiseite und hört den beiden Männern zu, wie sie theologisieren und philosophieren und dabei immer betrunkener werden. Naheliegend ist die Selbstjustiz, kein Zweifel, auch gegen den letzten und einzigen verbliebenen Zeugen. Mauser zieht mit der Pistole los, während Geving die Zahnlosigkeit der Justiz erkennen muss. Ein Priester, der das Recht auch des Täters auf Reue und das Beichtgeheimnis höher stellt als die Wahrheit, muss nach heutiger Denkart zur Wahrheit gezwungen werden. Freilich genau das ist der Punkt, an dem Gross abbricht. Statt dem Recht und der Wahrheit Bahn zu geben, hält er inne und lässt am Ende offen, ob der Priester, auf den sich die Geschichte am Ende konzentriert, Mauser die Wahrheit und damit auch eben die Wahrheit über das Schicksal der Schwester erzählt.

Aber darauf kommt es auch nicht einmal an, denn die Geschichte ist offensichtlich als Selbsterkenntnisprozess und als Reflexion von Recht und Gerechtigkeit angelegt, an deren Ende die Einsicht über die Unvollkommenheit des Rechts steht. Was allerdings die Vollkommenheit ihrer Wirkung zugleich demonstriert. Denn ohne dass es ausgesprochen wäre: Die historische Folie, auf der „Kettenacker“ und „Grafeneck“ erzählt werden, ist das nationalsozialistische Unrechtsregime, in dem das Recht der Willkür gefolgt ist. Dahinter aber steht die Idee eines direkten Willens, der sich in die Tat umsetzt und so etwas wie Recht nicht braucht. Mit anderen Worten, die Frustration der beiden Männer weist in eine fatale Richtung, nicht ihre Einsicht, sondern ihr Einhalten bewahrt sie am Ende davor, und das ist eben auch gut so.

Rainer Gross: Kettenacker. Pendragon, Bielefeld 2012. Zuerst gedruckt auf: literaturkritik.de (9/2012)

Schuld und Sühne

Wer ohne Schuld ist ...

Joseph Kanons kleine erzählerische Abhandlung über die Unmöglichkeit, schuldlos zu sein

Welcher Held könnte reiner vor uns stehen als dieser Adam Miller? Der Zweite Weltkrieg ist soeben zu Ende, die Welt liegt in Trümmern, und der junge Amerikaner forscht von Amts wegen nach deutschen Kriegsverbrechern und Nazischergen. Entnazifizierung. Er hat viel gesehen, er hat viele gesehen, die Täter waren und es abstritten, und er hat versucht, sie zur Verantwortung zu ziehen. Dafür hat er hinter die Kulissen geschaut, kennt Beziehungen, Verpflichtungen und Freundeskreise, die ihre Interessen, und sei es mit Gewalt durchsetzen, und für die Rassismus und das Gefühl absoluter Überlegenheit selbstverständlich sind. Er selbst hat das reine Gewissen der Sieger, deren eigene mögliche Untaten im Angesicht dessen verblassen, was die Deutschen mit sich und der Welt angestellt haben. Außerdem war er immer nur ein Schreibtischtäter, niemand, der wirklich selbst Hand anlegen würde. Also das reine Gewissen und die Schuldlosigkeit in Person. Und so jemand muss einfach Adam heißen und Miller dazu. Der erste allgemeine Mensch? Wir wissen, wie das damals ausgegangen ist. Sämtlicher Schweiß und sämtlicher Gebärschmerz nur wegen des einen Apfels.

Aus der Army entlassen zieht es Adam Miller nach Venedig, weg von dem Grauen der Leichenberge und der zahllosen Ex-Nazis, weg von einem Trümmerberg, bei dessen Anblick von Neuaufbau noch keine Rede sein kann. In ein Venedig, das so unberührt scheint vom Krieg, der am Ende dann sogar über das Land hinweggegangen ist, von dem er ausging. Aus den Trümmerlandschaften in die von baufälligen Palazzi und alten Familien beherrschte Lagunenstadt. Eine traumhafte Kulisse, in der es sich auch und gerade jetzt leben lässt und in der man leben lassen muss, umflort von einer merkwürdigen Melancholie, von der niemand so recht weiß, woher sie kommt. Denn alles ist doch wieder so, wie es sein muss. Die Stadt dümpelt immer noch in der Lagune, Wasser ist immer noch ihr Element und ihre große Geschichte ein sicheres Fundament, auf dem sie auch die modernen Zeiten überleben wird. Die Faschisten sind auch hier verschwunden, das alte Leben, das vor allem durch die Deutschen aus der Balance gebracht worden war, beginnt sich wieder herzustellen. Die gute Gesellschaft beginnt wieder ihren Platz einzunehmen.

Millers Mutter hat sich hierher zurückgezogen, eine wohlhabende Witwe, die aus dem ungeliebten Amerika in ein Italien geflüchtet hat, in dem sie ihre Freundinnen treffen kann und wo schließlich auch ein alter Verehrer lebt, der zu den großen alten Familien der Stadt gehört. Und was das bedeutet, wissen wir spätestens seit Donna Leon. Beziehungen hinter den Kulissen, Einflusssphären, die ineinander übergehen, geschlossene Gesellschaften, zu denen niemand Zutritt erhält, der nicht wenigstens genügend Geld dafür mitbringt. Aber auch das ist als Eintrittsbillet nicht wirklich ausreichend. Denn alte Familie geht vor. Aber nach dem Krieg muss man sich gut stellen mit den Amerikanern und sie sich zu verpflichten suchen. Und wenn dann noch die Liebe hinzukommt? Die Heirat der beiden steht an. Nur der Sohn spielt nicht mit, weiß man doch, wie so etwas vor sich geht: Wohlhabende Witwe trifft verarmten italienischen Stadtadel – eine günstige Gelegenheit, die auszunutzen für einen Latin Lover auch gehobenen Alters nicht wirklich schwierig sein dürfte. Immerhin geht es um das Familienerbe und einen maroden Palazzo.

Als Adam sich schließlich selbst verliebt, und seine Freundin eben diesen Bräutigam beschuldigt, ihren Vater an die Nazis ausgeliefert zu haben, kocht der Konflikt erst richtig hoch. Es kommt zum öffentlichen Eklat, der nicht zuletzt Mutter und Sohn einander entfremdet. Bemüht Adam sich doch danach intensiv, seinen Stiefvater in spe ans Messer zu liefern. Es kommt zum Streit, zur Aussprache, es werden Geschichten erzählt, alles vielleicht nur Ausreden. Und nach einer Weile ist der Dottore tot.

Kanon würfelt mächtig mit seinen Figuren und rüttelt dabei die anfängliche einfache Aufteilung von Opfer und Täter ganz schön heftig durcheinander. Am Ende haben schließlich alle ihre Unschuld verloren. Die unschuldig Schuldigen sind aneinander gekettet und bleiben unbehelligt, zu Unrecht Beschuldigte werden zu Mördern, Partisanen verlieren ihren moralischen Status, wer wohlhabend scheint, ist verarmt und wer als arm gilt, entpuppt sich als gute Partie – Adam Miller ist mittendrin, verliert seine Unschuld und irgendwie bleibt in Venedig alles so, wie es immer war. Es gibt einige Familien, die das Sagen haben, und zu ihnen zu gehören ist eine Frage der historischen Dignität, nicht aktueller Verdienste.

Joseph Kanon treibt ein böses Spiel mit seinen Lesern, aber ob man ihm das übel nehmen soll? Alles fängt ganz harmlos an, der Auftakt ist ganz einfach gestrickt. Personen treten auf und nach kurzer Zeit wissen wir, was wir von ihnen halten sollen. Vielleicht ist Adam wirklich ein bisschen leichtgläubig, aber frisch verliebt? Wer wollte es ihm verargen.

Aber „Stadt ohne Gedächtnis“ nimmt eine unerwartet rasante Kehrtwendung und aus dem moralinen Stück über deutsch-italienisch-amerikanische Vergangenheitsbewältigung wird ein Verwirrspiel um Beziehungen, familiäre Bande, Ein- und Wertschätzung, Rache und Wahrheitssuche und darüber, was ein Paar zusammenhält und auseinander bringt. Nachdem der Roman dann endlich die Fahrt aufgenommen hat, die ihm gebührt, ist er dann auch nicht mehr zu stoppen. Kanon verstößt dabei gegen ein paar ungeschriebene Romangesetze, vor allem gegen das, dass die Guten belohnt und die Bösen bestraft werden müssen. Zurecht, denn wenn keiner mehr ganz gut oder ganz böse ist, wer wollte sich das Recht herausnehmen, zu strafen? Oder zu belohnen? Vielleicht ist das eine ganz interessante Variante zu Selbstgerechtigkeit, mit der Krimiautoren Lohn und Strafe sonst zu verteilen belieben. Vielleicht ist Kanons Buch deshalb so lesbar, weil es einfach, was das angeht, konsequent ist. Im Leben, und sei es im Leben eines Kriminalromans, geht es nun mal nicht gerecht zu.

Joseph Kanon: Stadt ohne Gedächtnis. Roman. Aus dem Amerikanischen von Rudolf Hermstein. Karl Blessing Verlag, München 2005. Zuerst gedruckt auf: literaturkritik.de (4/2016)

Leute, lest gute Bücher!

Mechtild Borrmann nimmt sich der Vergangenheitsbewältigung an und spinnt eine Geschichte von missbrauchtem Vertrauen und gebrochener Freundschaft: „Wer das Schweigen bricht“

Es gibt eine Reihe von Themen, die sich in der deutschen Literatur immer lohnen, zumindest als Option für wenigstens ein bisschen Erfolg. Das Dritte Reich gehört dazu, das geht immer, und Mechtild Borrmann weiß das nur allzu gut. Immerhin lassen sich auf diese Weise schöne Geschichten von Schuld und Unschuld, schuldiger Unschuld und unschuldiger Schuld, von Verrat und Verbrechen, von Freundschaft und Intrige und was weiß ich noch was stricken. Die Matrix einer Gesellschaft, in der niemand ohne Schuld sein kann, weil sie insgesamt verbrecherisch gewesen ist, erlaubt solche widersprüchlichen Geschichten. Und es gibt viele Beispiele in allen literarischen Genres, bei denen das Konzept aufgegangen ist, lohnenswert. Aber es gibt eben auch viele Beispiele dafür, dass an die Stelle der gut gemachten Plots die moralische Entrüstung getreten ist, was weder den Büchern noch ihren Lesern gut getan hat.

Nun, Mechtild Borrmann ist ein solcher Vorwurf nicht zu machen. Die Basis ihres Romans ist die Geschichte einer Gruppe junger Leute, die im Dritten Reich aufwachsen und sich über das jeweilige Bekenntnis zum Regime oder über Konflikte, die daraus entstehen, grundsätzlich entzweien. Der Umstand, dass zwei der jungen Männer auch noch homosexuell sind, ruft einen weiblichen Racheengel auf den Plan. Und dann muss sich eine der jungen Frauen (Therese) auch noch in einen russischen Zwangsarbeiter verlieben, was wiederum den in sie verliebten Wilhelm gegen sie aufbringt – woraus sich dann der Fall entwickeln kann, an dessen Ende der Zwangsarbeiter und die homosexuellen Männer tot sind und Therese und Wilhelm verheiratet.

Darüber ist die Geschichte des Arztes Robert Lubisch gelegt, der den Nachlass seines Vaters auflöst und bei dieser Gelegenheit auf einige Papiere, den SS-Ausweis eines gewissen Wilhelm Peters und das Foto einer jungen Frau stößt. Da nun Lubisch selbstverständlich ein gestörtes Verhältnis zu seinem dominanten Vater hat und sich vor allem sein Leben lang von ihm missachtet fühlte, macht er sich auf die Suche nach jener Frau und nach der Antwort auf die Frage, wer nun dieser Wilhelm Peters gewesen sein mag. Am Ende, ganz schlimm, sagt er sich vom Vater los – was aber auch nur gequirltes Moralin ist.

Dazu fährt er in den niederrheinischen Ort, an dem sich die obigen Ereignisse abgespielt haben (wofür er nun auch wieder nichts kann), und vertraut sich – was will man auch tun – einer Journalistin an, die – selbstverständlich – neugierig wird und die große Story wittert.Immerhin findet sie schnell den Rahmen der Nachkriegsgeschichte heraus: Das Foto zeigt eine Therese Peters, die wohl mal mit eine Wilhelm Peters verheiratet war. Der aber ist in den frühen fünfziger Jahren – nach einem Streit mit seiner Frau – spurlos verschwunden. Kurze Zeit später ist die Frau selber auch nicht mehr aufzufinden. Ein Schelm, wer Böses dabei denkt, oder in Variationen umgekehrt.

Während jetzt aber Lubisch plötzlich die Lust an der Geschichte verliert – anscheinend ist sein Wunsch, die Geschichte des Vaters aufzuklären urplötzlich erloschen –, bleibt die Journalistin am Ball, und ist dann auch schnell einfach tot. Woran man sehen kann, dass man sich besser nicht in fremder Leute Angelegenheit mischt. Aber immerhin hat man nun zwei Rätsel – nämlich die Frage, was sich damals in den Jahren zwischen 1939 und 1950 ereignet hat, und die Frage danach, warum dafür die tölpelhafte Journalistin sterben muss. Um die beiden Geschichten, die man daraus stricken kann, hinreichend miteinander zu verbinden, legt Borrmann beide Zeitebenen einfach übereinander und erzählt weitgehend parallel.

Sie macht zudem einen weiteren Abzweig ihrer Handlung auf, indem sie die vormalige Therese Peters zur erfolgreichen Modefrau macht, die nun ihren Alterssitz auf Mallorca hat und mit einem Mal wieder mit der alten Geschichte konfrontiert wird. Das macht sie selbstverständlich nachdenklich und ein wenig gereizt, was immerhin einiges vermuten lässt. Soll man ja auch, immerhin sollen die Leser ja dabei bleiben.

Am Ende löst sich natürlich alles: der Mord an der Journalistin, die Frage nach den Umständen um Foto und SS-Ausweis, der Fall des verschwundenen Mannes und der verschwundenen Frau und auch der des verschwundenen Zwangsarbeiters. Die Motivationen werden vorgestellt, Schuld und Sühne werden ausreichend aufgearbeitet. Das ist soweit alles akzeptabel, und Borrmanns Roman ist sicherlich nicht wirklich misslungen, er ist schlichtweg nur nicht das Gegenteil davon – dafür ist er dann doch zu bieder, zu bemüht. Mithin eine Gelegenheitslektüre, die dann eben doch bestätigt, dass deutsche Krimis allzu oft gut gemeint, aber nicht gut genug gemacht sind, um internationalen Standard zu haben. Das ist dann alles eine Frage des Geschmacks und der Zeit, die man mit solchen Lektüren verbringen will.

Mechtild Borrmann: Wer das Schweigen bricht. Pendragon, Bielefeld 2012. Zuerst gedruckt auf: literaturkritik (3/2013)

Kettenreaktionen

Oliver Bottini gibt mit „Der kalte Traum“ ein Exempel, wie Politthriller heute aussehen können

Wie soll man einen solchen Roman besprechen? Politisch? Ästhetisch? Nach Spannung? Nichts davon wird wirklich befriedigend sein, denn jeder Zugang verbaut den nächsten und wird am Ende zu wenig anderem führen als zu dem Bewusstsein, es hier mit einem außerordentlichen Krimi zu tun zu haben. Dabei wird man dem Text nicht immer alles abnehmen, was er einem zumutet, die ellenlangen politischen Aufklärungsstücke nicht, die Verschachtelung der politischen Intrigen, ja auch die politischen Inhalte sind nicht nur einfach abzunicken.

Bottini hat sich in diesem Fall ein Zeitstück aus der jüngeren Vergangenheit ausgesucht. Im Jahr 1995 verschwindet ein junger, in Deutschland geborener Kroate während des Balkankriegs und gilt als tot. 15 Jahre später beginnt eine Journalistin in Kroatien auf der Basis eines Fotos nach einem möglichen kroatischen Kriegsverbrecher zu recherchieren. Dass beide dieselbe Person sind, lässt sich bald schließen. Bottini macht auch keinen Hehl daraus, selbst wenn er seine Geschichte in höchster Verschachtelungskunst erzählt.

Die Recherche der Journalistin kommt zur unrechten Zeit, denn Kroatien will in die Europäische Union, die alten Geschichten will niemand mehr hören, zugleich steht ein kroatischer General in Den Haag wegen eines Massakers vor Gericht. Auch der kann keinen neuen Skandal gebrauchen. Also werden die alten Seilschaften aktiv.

Irgendjemand fragt in Rottweil nach dem jungen Mann, Thomas Cavar. Ein ehemaliger hochrangiger Beamter des Auswärtigen Amts setzt seinen Neffen, einen Kriminalkommissar, auf den Fall an. Und so beginnt die Suche nach Thomas Cavar.

Ist er tot, wie behauptet wird? Ist er einer der Mörder in einem Massaker in Kroatien? Oder ist er unschuldig? Solche und ähnliche Fragen treiben die Beteiligten um, mit Ausnahme naheliegender Weise der Agenten der alten kroatischen Nomenklatur, die Cavar suchen, um ihn zu töten. Und naheliegender Weise muss Cavar noch leben, ansonsten wäre das Ganze kaum erzählenswert. Aber wo und wie er an dem Fall, den die Journalistin sich vorgenommen hat, beteiligt ist, steht nicht im Vordergrund der Erzählung.

Stattdessen sind es drei Themen, die Bottini motiviert haben: die Geschichte eines Heimatlosen, die Wahrheit über den Kroatienkrieg und ein faszinierendes Spiel von Rache und Wiedergutmachung, das den eigentlichen Thriller ausmacht.

Zum einen versucht er, den Fall eines jungen, in Deutschland aufgewachsenen Mannes zu erklären, der zwar mit einer Frau „des Feindes“ liiert ist, aber trotzdem in den Krieg zieht. Heimat spielt hier eine Rolle, die Unmöglichkeit sich der gewollten Eskalation und damit dem Krieg zu entziehen, und der Preis, den der junge Mann dafür zahlen muss, dass er für einen Moment glaubt, so etwas wie Heimat gefunden zu haben. Zum anderen verschreibt er sich der Aufgabe, die Wahrheit über den Kroatienkrieg Anfang der 1990er Jahre zu vermitteln. Große Teile des Romans sind einer dürftig verkleideten Aufklärung gewidmet, die in jeder zeithistorischen oder journalistischen Schrift stehen könnte – natürlich entsprechend mit Quellenangaben versehen (die liefert Bottini, gewarnt genug, auf seiner website nach). Und hier greift dann auch die Frage nach der Kritisierbarkeit, soll heißen, nach dem Wahrheitsgehalt seiner Ausführungen.

Aber selbst wenn er nicht recht hätte, die politischen Ereignisse dienen ihm vor allem dazu, ein komplexes auf Rache und Wiedergutmachung setzendes Spiel vorzustellen, in dem Gewalt einer der Hauptfaktoren ist. Cavar gerät in eine Szenerie, in der Geschichte nicht nur Vergangenheit ist, sondern die Prägung für die Gegenwart liefert. Ein Kroate in Deutschland? Bleibt immer ein Kroate, auch wenn er sich eingefügt hat. Der Krieg liegt einem im Blut, und naheliegend wird in ihm gefoltert, getötet, vergewaltigt, gerächt und gemordet. Dass Soldaten Mörder seien, hat Tucholsky einmal in aller Sachlichkeit vorgetragen und wird dafür bis heute immer wieder gescholten.

Bottini erzählt eine Geschichte, in der Soldaten gemacht werden und nicht mehr aufhören Soldaten zu sein, bis der letzte von ihnen tot ist. Das ist eine bittere Geschichte, der auch Cavar zum Opfer fällt. Und er ist damit nicht allein. Dass die Geschichte ihre ironischen Seiten hat, wie das 20. Jahrhundert immer wieder gezeigt hat, kehrt auch in Bottinis Krimi wieder. Der einzige Mann, der genügend Rückgrat hat, um sich nicht von der Frau zu trennen, die er liebt, gilt als Verräter und muss dafür getötet werden. Dabei steckt darin doch die ermutigende Botschaft, die das katastrophische 20. Jahrhundert zu bieten hat, dass nämlich am Ende die Einzelnen selbst entscheiden können und müssen, wer sie sind. Ihnen liegt nichts im Blut und sie gehorchen keinem historischen Imperativ, wenn sie das nicht wollen. Und mehr Verantwortlichkeit kann man wohl nicht tragen

Oliver Bottini: Der kalte Traum. Roman. Dumont, Köln 2012. Zuerst gedruckt auf: literaturkritik.de (9/2012)

Kleine Studie in Zwangsläufigkeit

Matthew Stokoes „Empty Mile" ist ziemlich konsequent

Abgelegene Ort haben ihre Eigenheiten, zumal dann, wenn man von langen Reisen zurückkehrt. Daraus lassen sich einige Funken schlagen, wie gerade im amerikanischen Roman zu sehen ist, in dem das platte Land einen anderen Stellenwert hat als im dichtbevölkerten und zivilisationsmüden Europa. Blutrünstig und archaisch kann es hier zugehen, so als ob die Zivilisation, wie wir sie kennen, nur eine Tünche über ein anachronistisches Sozialwesen wäre, das sich irgendwie in die Gegenwart gerettet hat.

Diese Folie hat sich auch Matthew Stokoe zunutze gemacht. Ein junger Mann namens Johnny kehrt nach acht Jahren in ein amerikanisches Provinznest zurück, das er verlassen hatte, weil ihn die eigene Vergangenheit, genrespezifisch „Schuld" genannt, zu sehr belastet. Schuld heißt in diesem Fall, dass er, um mit der Freundin seines besten Freundes zu schlafen, seinen Bruder unbeaufsichtigt gelassen hat, so dass dieser beinahe ertrunken wäre. Zurückbehalten hat der Junge eine geistige Behinderung, die aus dem eminent intelligenten Burschen (was man angesichts seiner Tauchaktion bezweifeln mag) einen tumben Kerl macht. Johnny kehrt nun nach einer Weile dem gewesenen Freund, der neuen Geliebten und dem behinderten Bruder den Rücken zu, um zu so etwas wie sich selbst zu finden. Was allerdings nicht gelingt, weil die Botschaft des Buches bereits hier offensichtlich ist: Der Schuld entkommt man nicht, man muss sie tragen.

Das sehen andere anders, aber eine solche Botschaft, wenn sie denn nun einmal in die Welt soll, muss erzählerisch aufgearbeitet werden. Nichts einfacher als das, kann man sagen, wenngleich dazu einige Buchseiten zu füllen sind. Denn Stokoe macht nichts anderes, als erst einmal Johnny mit allen Figuren seiner Vergangenheit zusammenzuführen, was eben dazu führt, dass man sich herzlich aneinander abarbeitet. Da müssen noch alte Rechnungen beglichen werden und neue aufgemacht. Johnny kommt also heim zu Vater, Bruder, Ex-Freundin und Ex-Freund und knüpft halbwegs da wieder an, wo er vor acht Jahren abgebrochen hat.

Aus einem Bruder ist mittlerweile ein aus der Form geratener Halbwüchsiger geworden, der sehr gut tanzt. Der Ex-Freund betreibt mit dem Vater ein Motel und ist noch als Zuhälter aktiv. Und die Ex-Freundin ist eines seiner Mädel, die er zu seinen Kunden schickt. Das alles ist eben acht Jahre später, aus den hoffnungsvollen jungen Leuten sind mittlerweile frustrierte und einigermaßen abgehalfterte Gestalten geworden, die ihren Obsessionen folgen. Und es müssen diverse Merkwürdigkeiten begangen werden: Da überredet etwa ein örtlicher Lokalpolitiker und Händler Johnny und seine Ex dazu, es vor seinen Augen zu treiben. Wie sich herausstellt, werden die beiden dabei gefilmt. Und als die Frau des Vojeurs den Film sieht, bringt sie sich um.

Auf tritt also der Deus ex machina, der Bruder der Selbstmörderin, der Rache will (was sonst) und die vermeintlich Verantwortlichen vernichten will. Er nimmt sich allesamt vor, ruiniert das kleine Geschäft, das Johnny und sein Bruder begonnen haben, demonstriert vor allen seine Macht (meistens, in dem er über irgendeine der Frauen seiner Feinde verfügt), versucht den Bau einer Straße zu verhindern, usw. Er ist mit Konsequenz bei der Sache und wird deshalb auch ermordet.

Womit dann das Generalthema angesprochen wird: Der Vater Johnnys verschwindet, dem Mord am Rächer folgt ein zweiter, schließlich bringt sich Johnnys Bruder selbst um, fertig ist die Handlung, die Zurückgebliebenen verlassen das sinkende Dorf irgendwo in der amerikanischen Provinz.

Von einigen hinreichend überraschenden Wendungen abgesehen (wer ist der Mörder des Vaters zum Beispiel?), ist der Roman von Anfang an darauf ausgerichtet, möglichst viel Schaden bei seinem Personal anzurichten, dabei aber vor allem sein Zentralpaar möglichst mit Schuld zu überladen, die allerdings nicht abzutragen ist (siehe oben). Dabei ist Stokoe denn auch ziemlich konsequent, wie zusehends zu merken ist. Insofern werden selbst die Überraschungen „normalisiert", weil sie konsequent sind und ins Bild passen. Was denn auch als Problem des Textes erkennbar wird. Außerdem will er es immer ganz genau wissen, benennen und aufschreiben. Dabei vergreift sich Stokoe jedoch gelegentlich stilistisch, wenn etwa Johnny sich auf die „emotionale Abhängigkeit" seines Bruders vom gemeinsamen kleinen Geschäft besinnt. Das hat, wenn man bemerken darf, doch gefälligst ein wenig normaler formuliert zu sein.

Matthew Stokoe: Empty Mile. Aus dem Amerikanischen von Joachim Körber. Arche, Zürich, Hamburg 2013. Zuerst gedruckt auf: literaturkritik.de (12/2013)

Die Leiden von Richtern

Scott Turow wird als Meister des Justizthrillers gepriesen

Ein juristisches Dilemma ist eine unangenehme Sache, zumal dann, wenn Volkes Stimme und Justitias Urteil nicht recht zusammenpassen wollen. Da hat eine Horde junger Männer vor einigen Jahren eine junge Studentin abgefüllt und der Reihe nach vergewaltigt. Das Ganze haben sie auch noch auf Video aufgenommen, das sie immer wieder einmal hervorholen, um sich alter Taten zu brüsten. Soweit so gut, das Video taucht irgendwann auf, als niemand mehr sich daran erinnern will, die junge Frau wagt nach langen Jahren endlich die Anzeige, die juristisch schwierige Frage ist nun, ob die Verjährungsfrist verstrichen ist, in der das Ganze verfolgt werden darf. Drei Berufungsrichter zerbrechen sich darüber den Kopf, darunter – als Vorsitzender – auch George Mason, dessen Leben dadurch nicht einfacher wird. Denn seine überaus geliebte Frau unterzieht sich gerade einer Radiojod-Therapie (die ein wenig als finaler Krankenhausaufenthalt aufgebauscht wird), außerdem erhält er anonyme Drohmails, die möglicherweise von einem von ihm verurteilten Gangster initiiert worden sind, und schließlich weckt der Prozess gegen die vier jungen Männer die Erinnerung an ein eigenes kleines Verbrechen, an dem er in Universitätstagen beteiligt war: Auch hier war eine Horde junger Männer über eine von Alkohol und Drogen betäubte junge Frau gegangen, und Richter George Mason, dumm und jung, war einer von ihnen. Was gibt ihm also das Recht, überhaupt ein Urteil zu fällen? Identitätskrise in Jura.

Soweit so gut, die Story ist zwar ein bisschen dünn, aber es sollte, mit einigen Verwicklungen und Wiedergängern doch möglich sein, daraus eine einigermaßen treibende Handlung zu machen, die dann die eine oder andere Überraschung bereit hält. In der Tat wird der Richter auch nach einer verschärften Drohung überfallen und ausgeraubt. Er sucht sogar die Frau auf, die das Opfer seiner eigenen Verfehlung war. Auch werden die Drohmails immer häufiger und ernsthafter. Spätestens nach dem Überfall ist auch Mason davon überzeugt, dass er sie ernst nehmen sollte. Die Reaktion seiner Frau, der er das alles verheimlicht hat, tut das Übrige.

Aber statt eines irgendwie konstruierten Höhepunkts mit Showdown bewegt sich der angebliche Justiz-Thriller schnell in die Banalitäten des Kitschromans zurück. Des Richters Frau, der er schließlich seine Jugendsünde gesteht, verzeiht ihm (ist ja auch alles gar nicht zu vergleichen), das Opfer von damals geht auch nicht auf Rachezüge, sondern ist nur ganz froh, ihr Leben irgendwie hingekriegt zu haben und erinnert sich sowieso nicht, der Überfall war nichts anderes als ein Raubüberfall und die Drohmails stammen von einem von Masons Assistenten, der mit der Aufgabe nicht fertig geworden ist, das Vergewaltigungsvideo mehrfach durchsehen und sachlich beschreiben zu müssen. Die moralische Empörung führt dazu, dass er durchdreht und spontan die Drohmail-Serie beginnt (die er dann nicht mehr beenden kann). Am Ende haben sich alle wieder lieb, selbst der Assistent wird versorgt – immerhin schreibt sich Mason ein gehöriges Maß Verantwortung dafür zu, dass der junge Mann so aus dem Ruder gelaufen ist.

Sogar das juristische Dilemma wird gelöst. Die Berufungsrichter finden einen Weg, mit der sie die Verjährung ablehnen und die jungen Männer ihrer verdienten Strafe zuführen können. Sogar seine Bewerbung für die zweite zehnjährige Amtsperiode bringt Mason, moralisch wieder aufgerichtet, auf den Weg. Sein Nebenbuhler hat angesichts der Drohmails darauf verzichtet. Und so richtet sich auch dieses Problem. So moralisch und lebensplanerisch wieder auf Kurs gebracht, kann sich Mason wieder in die Rolle des um Gerechtigkeit bemühten Juristen begeben, dem nichts Menschliches fremd ist, nicht einmal die Schuld, die diejenigen tragen, die er mitverurteilt. Das juristische Geschäft ist, so Mason, von dem Bemühen getragen, der Gerechtigkeit Genüge zu tun.

Etwas Ähnliches gilt freilich auch für das Geschäft des Krimischreibens. Hier allerdings soll nicht der Gerechtigkeit Genüge getan werden, sondern dem Vergnügungsverlangen von Lesern. Auch hier wäre einiges Bemühen angebracht, allerdings hat es in diesem Fall nicht gelangt. Stattdessen plätschert der Roman gemächlich und selbstgefällig vor sich hin. Niemand kommt zu Schaden, der es nicht wirklich verdient hätte, der Schrecken, dem sich George Mason ausgesetzt sieht, hat ein schnelles Ende, und wir freuen uns alle gemeinsam auf weitere zehn Dienstjahre, die aber Herr Mason hoffentlich ohne unsere Teilnahme verbringen wird.

Scott Turow: Befangen. Roman. Aus dem Amerikanischen von Ulrike Wasel und Klaus Timmermann. Karl Blessing Verlag, München 2008. Zuerst gedruckt auf: glanzundelend.de

Sühne und Schuld

Rache muss kalt genossen werden und braucht Geduld. Robert Wilson zeigt eine solche Geduldsübung

Die Komplexität der Krimierzählung ist mit den TV-Serienformaten in den letzten Jahren stark angewachsen. Krimis müssen, um die neuere Tendenz zum verschachtelten Erzählen nachvollziehen zu können, dabei aber einen zentralen Schritt tun: Sie müssen Komplexität nicht reduzieren, sondern potenzieren. Die TV-Serienformate erlauben das, einfach deswegen, weil ihre Gliederung in Einzelfolgen und Staffeln einen langen Atem und – bei aller Gleichförmigkeit und Wiedererkennbarkeit – zahlreiche Wendungen benötigen, um ihre Zuschauer bei Atem halten zu können. Das gilt insbesondere dann, wenn eine über die Folgen hinausgehende Erzählung angestrebt wird. Im Buch sieht das anders aus. Die Cliffhanger-Technik, die von amerikanischen Autoren gern verwendet wird und wohl aus dem Film stammt, ist für den Roman oft zu kurzatmig, die Aufgliederung in allzuviele Handlungsstränge ermüdet Leser und überfordert ihrer Aufmerksamkeit. Übernommen werden kann jedoch das Grundprinzip der TV-Formate, nämlich das der Vielschichtigkeit des Geschehens und seiner Ursachen. Zumindest wohl bedacht lässt sich dieses Prinzip auch im Buch einsetzen. Intrigen sind immer gut, und Akteure hinter den Akteuren sind immer eine Überraschung und wechselnde Rollen sorgen für weitere Überraschungen.

Robert Wilson scheint solche Überlegungen für „Stirb für mich" immerhin gekannt zu haben, denn er folgt nicht nur dem normalen Überbietungsprinzip, das dem Krimigenre inhärent ist. Er hinterlegt seine erste Handlungsebene mit mehreren weiteren, die dafür sorgen, dass der ursprüngliche Handlungsentwurf, der sich schon sehen lässt, durch den jeweils nächsten suspendiert wird. Immer wenn man glaubt, dass man nun weiß, wies weitergeht, kommt die nächste Wendung durch die nächste Ebene, die Einfluss auf das Geschehen hat.

Dienlich ist ihm dabei, dass er mehrere Krimi-Muster miteinander verbindet: Entführung, Bandenkriminalität und Polit- resp. Geheimdienstthriller. Das erlaubt es ihm, vom einfachen zum komplizierten weiter voranzuschreiten, um auf diese Weise das Rätsel des Anfangstableaus mehr und mehr zu lösen. Da er mehrere Akteure mit unterschiedlichen Interessen aufeinander loslässt, kann er zudem erste erkennbare Muster durch andere ersetzen und damit die Verästelung wenn nicht weiter vorantreiben, so doch weiter auf hohem Niveau belassen.

Das ist insofern von Belang, als auf der anderen Seite der Kriminellen ja eben die üblichen kompetenten Akteure stehen, auf die – und nicht auf die Leser – die

Komplexität des ganzen Musters zugeschnitten ist. Das Krimigenre verlässt nicht erst damit das Grundmuster des mittleren Helden, das es über Jahrzehnte hinweg bestimmt hat. Die Protagonisten Chandlers und Hammets teilen mit Thomas Manns Hans Castorp ihre Mittelmäßigkeit und ihren Ehrgeiz, was auch immer nicht auf sich beruhen zu lassen. Die Helden des neuen Krimis aber sind nicht nur unermüdlich, sie sind auch von unerschöpflicher Kompetenz wie Unerschrockenheit. Mittlerweile ist auch noch ein gerüttelt Maß an Skrupellosigkeit hinzugekommen. Wilsons Held Charles Boxer ist nicht nur ein Spezialist für Entführungsfälle, er tötet auch nach Abschluss der Fälle die flüchtigen Täter aus Vergeltung für ihre Tat.

Aber nicht nur das, er bleibt unbehelligt dafür, mehr noch, er wird gerade deshalb engagiert. Denn mit dem Ende der Entführung ist die Gerechtigkeit längst noch nicht hergestellt. Von Recht redet hier keiner.

Weshalb Leser einen solchen Helden akzeptieren, wird wohl mit einem denkwürdigen gesellschaftlichen Legitimitätsdefizit des Rechtssystems zumindest in seiner symbolischen Behandlung zusammenhängen. Es kann dort nicht seine Aufgabe erfüllen, die Balance zwischen Tat und Vergeltung herzustellen. Deshalb verfällt das Genre mehr und mehr in die Gegentat, sprich Rache – mit allen Problemen, die das mit sich bringt. Das Muster des bösen, niederträchtigen Killers, der Boxer eigentlich ist, wird im Roman allerdings dadurch gebrochen, dass er ein schlechter Vater mit schlechtem Gewissen ist und – gegen alle Professionalität – in eine Liaison mit der Mutter (geschieden) der entführten jungen Frau gerät (Leidenschaft auf den ersten Blick etc.). Eine gebrochene Figur also, der Herr, was wir ihm aber nicht wirklich abnehmen müssen. Oder anders gewendet, was tut das zur Sache? Eben nur, ihn zu entlasten.

Ansonsten bleibt da noch der Fall der Tochter eines indischen Industriellen, die entführt wird. Der Fall führt in die Abgründe seiner semikriminellen Vergangenheit, in die Untiefen der internationalen Geheimdienste und in die aktuellen Verirrungen des internationalen Terrorismus. Bei aller Problematik ist das gekonnt und straff erzählt und darf unterhaltsam genannt werden, zumal am Ende herauskommt, dass hier eine Schuld vergolten werden soll, die keine ist.

Robert Wilson: Stirb für mich. Thriller. Deutsch von Kristian Lutze. Page&Turner / Wilhelm Goldmann, München 2013. Zuerst gedruckt auf: literaturkritik.de (1/2014)

Außerhalb der Rechtsnorm

Machtspiel

Tana Frenchs ungemein dichter Krimi über ein Ermittlerpärchen

Ermittler haben ein merkwürdiges Problem: Sie sind eigentlich hinter der Wahrheit her, und Wahrheit hat eben immer etwas mit Schuld zu tun, aber ihr Verhältnis zur Wahrheit ist rissig, verwirrend gebrochen, wie Tana French ihren Ich-Erzähler Rob Ryan sagen lässt. Sie wollen den oder die Täter, sie sind den Opfern verpflichtet, aber nicht immer lassen sich beide trennscharf auseinander halten, und nicht immer visieren sie auch die richtigen an dabei. Wahrheit gerät damit also mehr und mehr in ein perspektivisches Dilemma und zu einem sich selbst generierenden Spiel, an dessen Ende Sieger und Verlierer nicht wirklich klar sein müssen. Das einfache Schema von Opfer-Täter ist im Krimi mehrfach durchbrochen worden, sei es – im sozialkritischen Krimi der 1970er Jahre – um klarzustellen, dass Täter immer auch Opfer sind. Sei es, weil Krimis der letzten 15 Jahre Gewalt als omnipräsente Erscheinung verortet wird. Michel Foucault hätte daran seine helle Freude gehabt.

Problematisch ist daran nur die quasigenetische Wendung, die nicht weniger mythisch ist als die pathologischen Varianten der früheren Jahre: Gewalt wird zum unerklärlichen Phänomen einer Gesellschaft stilisiert, die sich ansonsten bemüht, Gewalt zu umgehen, sie überflüssig und kontraproduktiv zu machen. So als ob eine zivile Gesellschaft, in der alles erklärbar geworden ist, mit ihrem Antipoden konfrontiert werden muss, mit einer Gesellschaft, die nichts mehr regeln kann außer über Gewalt. Gewaltfreie Schicht und Gewalttätige werden so übereinander angeordnet, die eine zum Gegenpart der anderen, wobei die zivile Gesellschaft mehr und mehr in Angst vor ihrem bösen Gegenbild erstarrt, das immer mehr Einfluss erhält, je mehr die dissoziativen Kräfte – die Jugend, die Gewalt, die Drogen, das Verbrechen, die Langeweile, die Zivilisation – gewohnte und notwendige Strukturen und Regeln zerstören.

Dieses denkwürdige Muster ist auch Tana Frenchs Krimi „Grabesgrün“ unterlegt, zwar einigermaßen verdeckt und unauffällig, aber immerhin präsent. Denn treibender Faktor des Verbrechens und damit der Handlung ist eine psychopathische Figur, die die Welt um sich herum auf sich zuschneidet und jeden Widerspruch, jede Abweichung, jede Ignoranz bestraft. Noch mehr aber bestraft sie diejenigen, die ihr den Vorrang abstreiten. Denn wenn auch ansonsten nichts mehr wirklich von Belang ist, dieses Ego muss dennoch die Oberhand, die Herrschaft über diese kleine Welt behalten. Diese Figur reguliert, ordnet, straft, belohnt. Sie ist das Zentrum der Welt und nichts anderes hat neben ihr Bestand.

Diesem tektonischen Zentrum hat Tana French in ihrem beeindruckenden Szenario eine nicht weniger präzise profilierte Figur gegenübergestellt. Diese Figur ist ein Ermittler. Und Ermittler sind – was schon wieder Konvention geworden ist – unvollständige, defizitäre Helden. Zwar singen sie gelegentlich das Hohelied der Rationalität, sie halten sich jedoch selber überhaupt nicht daran. Zumal dann nicht, wenn sie von dem Fall, um den es dann jeweils geht irgendwie berührt werden.

Rob Ryan, der männliche Held der Autorin, zeichnet sich nun nicht nur dadurch aus, dass er in Irland einen englischen Akzent pflegt (den hat er aus dem Internat), er ist zudem der einzige Zurückgekehrte von drei Kindern, die vor zwanzig Jahren vermisst wurden. Zwei von ihnen werden seitdem und auch im Laufe dieses Romans nicht gefunden.

Zwischenzeitlich aber scheint es, als ob der Tod einer Zwölfjährigen, die auf einem vorchristlichen Opferstein im selben Wald gefunden wird, in dem die drei Kinder zwei Dekaden zuvor vermisst wurden, mit dem alten Fall zu tun hätte. Rob gerät nur durch Zufall an diesen Fall, aber als er mit dem alten Szenario konfrontiert wird (an das er nur wenige Erinnerungen hat), lässt er nicht mehr los. Es geht auch um ihn.

Dafür riskiert er nicht nur seinen Job – wenn die beiden Fälle zusammenhängen, dann darf er nicht mehr ermitteln. Wenn er weitermachen will, dann muss er so tun, als wäre er jemand anders (wobei ihm hilft, dass er seinen alten Vornamen Adam nicht mehr benutzt, sondern nur noch seinen zweiten, Robert). Rob riskiert und verliert auch die enge Freundschaft, ja Vertrautheit mit seiner Partnerin Cassie, was zu den größten und schlimmsten Verlustmeldungen gehört, die er zum Schluss machen muss.

An diesen wenigen Zeilen wird wohl deutlich genug, dass Tana French nicht nur irgendeinen Krimi geschrieben hat. Vieles ist so, wie es das Handwerk und der neue Standard wollen. Wir erfahren etwas über die Vorlieben und Abneigungen der Figuren, wie sie miteinander reden und umgehen und was sie vermeiden, peinlich vermeiden. Musikgeschmack und Essgewohnheiten, Autos, Wohnungen und Vorgeschichte. Alles ist da, was da sein muss. Und dennoch, Tana French gelingt etwas sehr eigenes und dichtes, eine psychologische Studie in Sachen Vergangenheitsbewältigung, eine erzähltechnische saubere Struktur (man glaubt dem Erzähler wirklich, dass er erzählt), eine kriminalistische Recherchestudie, ein sauberer Plot.

Jedes einzelne Element wäre genug für einen guten Krimi. French bietet aber alles vier, und das ist ungeheuer. Freilich, die Psychopathin als unerklärliche Figur gibt dem Ganzen eben nicht nur erzählerische Qualität, sondern auch eine weltanschauliche. Und zweifelhaft – zu ihren Gunsten – ist, ob French das wirklich so gewollt hat.

Tana French: Grabesgrün. Kriminalroman. Aus dem Englischen von Ulrike Wasel und Klaus Timmermann. Scherz, Frankfurt/M. 2008. Zuerst gedruckt auf: literaturkritik.de (11/2008)

Tollwut

Pete Dexters Porträt eines Amokläufers

Dieser Roman fängt ganz harmlos an: Eine Tollwut-Epidemie: Zwei Menschen werden (angeblich) von Füchsen gebissen, einer von ihnen ein junges Mädchen, das kurze Zeit später im Hause ihrer neuen Arbeitgeberin von einem weißen Kaufmann und Geldverleiher, Paris Trout, erschossen wird. Trout will Geld eintreiben, das ihm ein junger Schwarzer schuldet, der sich ein Auto von ihm gekauft hat, das aber – kaum gefahren – schon Schrott ist. Wie es zu den Schüssen kommt, ist einigermaßen unklar. Am Ende ist nur das Mädchen tot, ihre Mamsell (mehr ist die Dame auch nicht) ist schwer verletzt – und Paris Trout wird des Mordes angeklagt, was er einigermaßen ungerecht findet. Denn er war ja nur dabei, sein Recht, soll heißen, sein Geld einzufordern. Liegt der Fall noch einigermaßen klar vor Augen, wird er auf den folgenden Seiten immer rätselhafter und merkwürdiger.

Paris Trout versteift sich mehr und mehr darauf, dass er alles richtig gemacht hat, und dass die beiden beschossenen Frauen selbst Schuld an ihrem Schicksal hatten. Er kann nicht schuldig sein, weil er ja nur sein Recht wollte. Dass dabei ein junges Mädchen getötet wurde, fällt für ihn nicht ins Gewicht, und vor allem hat sich der Staat nicht darin einzumischen. Er hat nie etwas von ihm gewollt, er hat ihm nie etwas gegeben, und er hat sich von ihm nie etwas genommen – mit anderen Worten, Trout lebt in einem derart absoluten, selbstherrlichen Raum jenseits jeder normalen Gesellschaft, dass er nicht einmal Steuern gezahlt hat, und das seit Jahrzehnten. Der Traum jedes Steuerbürgers, und der Alptraum all derjenigen, die auch nur in Ansätzen bei so etwas erwischt werden und dann alles auf einmal zahlen müssen. Das wird teuer, wie Al Capone berichten könnte.

Aber auch das schreckt Trout nicht: Soll der Staat doch erst einmal sehen, ob er Geld hat, und wo er es hat. Davor ist ihm nicht bange. Mit ungeheurer Energie und Intelligenz, die in dieser extrem gestörten Existenz zu wirken scheint, hintertreibt Trout alle Versuche, seiner mit den gewöhnlichen staatlichen Mitteln Herr zu werden. Er kennt alle, die über ihn urteilen sollen, und alle sind ihm etwas schuldig. Nur, dass sie diese Schuld zu ignorieren beginnen angesichts dieser denkwürdigen blutigen Tat. Also greift Trout zu anderen Mitteln, er besticht, um nach seiner Verurteilung frei zu kommen, er verbirgt sein Geld, und schließlich erschießt er sich und seine Mutter, als ihm die Finanzbehörden auf die Pelle zu rücken beginnen.

Dass Trout eine zutiefst verstörte und psychotische Gestalt ist, wird nicht nur an dem Mord an dem kleinen schwarzen Mädchen erkennbar. Das ließe sich vielleicht noch als ganz normaler amerikanischer Nachkriegs-Rassismus erklären. Was wäre demnach ein kleines schwarzes Mädchen schon wert? Nichts. Aber dem ist einfach nicht so: Denn sobald die Erzählung auf Trouts Frau Hannah umschwenkt, wird erkennbar, dass Trout schon immer und in Gänze verrückt war. Wenn denn Selbstherrlichkeit und Kaltherzigkeit Anzeichen von Verrücktheit sind.

Nachdem die beiden geheiratet haben, degradiert Trout Hannah zur Dienstmagd und Sexsklavin. Er nimmt ihr Geld und weigert sich, es zurückzuzahlen. Er misshandelt sie, schikaniert sie, demütigt sie und versetzt sie dauerhaft in Angst. Wie auch die Stadt mehr und mehr Angst vor diesem zugleich stillen wie ausgerasteten Sechzigjährigen hat, der offensichtlich die Welt nach seinem Gutdünken zu lenken versucht, der jeden Moment in einen unbremsbaren Gewaltexzess auszubrechen droht, der immer eine Waffe trägt, und der schließlich derart konsequent kaltblütig vorgeht, dass ihm etwa ein normaler, zivilisierter Polizist nichts entgegenzusetzen hat.

Es überrascht denn auch nicht, dass Trout auf der Fahrt ins Gefängnis seinen Fahrer, den örtliche Polizeichef, überwältigt und ihm eine Pistole an den Kopf hält. Und es ist gleichfalls keine Überraschung, dass ihm das am nächsten Tag, als er merkwürdiger Weise wieder aus der dreijährigen Haft zurückkehrt (war doch sehr verkürzt), keinen Ärger macht. Weder dass das Urteil nicht durchgesetzt wird, noch dass sein Angriff auf den Polizisten bestraft wird, wundert. Dazu ist die Angst der kleinen Stadt viel zu präsent.

Pete Dexter, der mit „Train“ bereits ein ungewöhnliches Stück Kriminalliteratur nach Deutschland exportierte, hat mit „Paris Trout“ ein weiteres bestaunenswertes (krimi)literarisches Wunderkästchen auf den Weg gebracht. Präzise erzählt, demonstriert „Paris Trout“ Dexters unglaubliches Gespür für komplizierte und zugleich logische wie von Spannung virbierende Konstruktionen. Beängstigend, was uns der Mann sonst noch liefert.

Pete Dexter: Paris Trout. Roman. Aus dem Englischen von Jürgen Bürger. Liebeskind, München 2008. Zuerst gedruckt auf: literaturkritik.de (12/2012)

Rächer, Gerechtigkeit

Carlo Lucarelli lässt die „Bestie" los, diesmal auf Seiten der Gerechtigkeit

Recht und Gerechtigkeit sind nicht immer eins, nicht einmal dann, wenn der Gerechte auf der Seite des Rechts agiert, dabei aber Recht und Gesetz missachtet. Carlo Lucarelli inszeniert einen solchen Fall, der allerdings ein wenig arg auf die Bedeutungstrommel haut, weil er partout dem ständigen Spiel des Krimis mit beiden Themen eine neue Note hinzufügen will. Das verstößt gegen alle Regeln der Roman- und Krimikunst – das Ganze muss möglich und hinreichend plausibel sein. Aber es ist dennoch ansehnlich zu lesen.

Die ermittelnde Kommissarin Grazia Negro (was für ein Name) wird zu einem Tatort gerufen, der einigermaßen grässlich ist. Das Opfer, ein junger Mann, ist geradezu zerfleischt worden. Weiter ist an dem Ganzen unschön, dass das Verbrechen (obwohl in Bologna geschehen) an einem randständigen Mitglied der Mafia verübt wurde. Der junge Mann hat zwar anscheinend nichts mit deren Machenschaften zu tun, aber die Familie. Aus diesem Grund richten sich die Ermittlungen, an der verschiedene Institutionen der italienischen Polizei beteiligt sind, zuerst auf ein Motiv, das mit der Mafia zusammenhängt. Ein Racheakt, der Auftakt einer Auseinandersetzung zwischen verschiedenen Familien. Nichts davon lässt Gutes erahnen, und entsprechend nervös gehen die Ermittler vor.

Ihre Aufgabe wird auch dann nicht einfacher, als der rasende Mörder – denn es ist ein Mensch und kein Wolf oder ein anders Raubtier, das hier zur Tat schreitet – weitere Opfer findet, die nichts mit dem ersten Opfer verbindet. Außer, dass sie am Rande mit irgendwelchen Verbrechen zu tun haben, oder eben mit Aktivitäten, die am Rande der Legalität sind. Kein Mafiamord also, keine Familienkriege, aber auch keine Opfer aus dem engeren Kreis krimineller oder semikrimineller Aktivitäten – es fehlt also so etwas wie der gemeinsame Nenner, das Muster, nach dem die Ermittler suchen können.

Problematischer wird die Ermittlung auch dadurch, dass ein erster Verdächtiger, der in Haft genommen wird, weil er sich mit den Taten gebrüstet hat, im Gefängnis von Mafia-Schergen ermordet wird. Die Familie urteilt gern selbst, meint man daraus zu lesen. Nur dass der Mann ein Idiot und unschuldig war, wie Grazia Negro erfahren muss. Denn es gibt weitere Taten. Unangenehm ist auch, dass der Täter anscheinend sehr viel von den Ermittlungen weiß. Er attackiert Grazia Negro, er ermordet einen der ermittelnden Kollegen, der ihm zu nahe kommt. Es muss also jemand sein, der ganz in der Nähe ist. Entweder einer der Ermittler selbst oder jemand, der Zugang zu ihren Ermittlungen hat.

Die Ermittlungsgeschichte wird durch die private Negros unterfüttert, die junge Frau will ein Kind. Ihr blinder Lebensgefährte muss dafür den Samen spenden, die Beziehung geht jedoch in die Brüche, Grazia Negro beginnt eine Liaison mit einem der Carabinieri-Kollegen, der nicht minder intensiv ermittelt wie die Kriminalpolizistin Grazia Negro. Die Kollegen kommen sich also über die Ermittlung immer näher, was naheliegenderweise zu Komplikationen führen muss, was es auch tut, allerdings in einem anderen Maße, als man erwarten würde. Denn Lucarelli inszeniert in seinem Roman eine wenig wahrscheinliche Variante des Musters, das der Täter zerstört, was er täglich sieht und liebt. In diesem Fall muss Grazia Negro in ihrer allergrößten Nähe suchen, um fündig zu werden. Und sie findet statt einem mehrere Täter, allerdings in einer Person. Was dann zu einigen psychiatrischen Exkursen Anlass gibt. Wir haben es hier also mit einer multiplen Persönlichkeit zu tun.

Weil jedoch niemand davon ausgeht, dass so etwas Ursache von solchen Taten sein wird, braucht es eine Weile, bis alle Plausibilitäten ausgeräumt sind und dann die einfachen Tatsachen sprechen können, die nach und nach hervortreten. Das aber erinnert ein wenig an die Gedankenspielerei, die Edgar Allen Poe im „Doppelmord in der Rue Morgue" inszenierte (und die seinerzeit schon wenig wahrscheinlich war, aber die einzig denkbare Möglichkeit). Ein Affe als Mörder oder ein Schizophrener, ein Schinken als Waffe oder ein Eiszapfen – da lobt man sich doch einfach ausgetickte Leute, denen irgendwas durchgeht und die einfach mal jemanden erwürgen oder eine Mafia-Bande, die alles niedermäht, was sich ihr in den Weg stellt. Einfach gemacht, einfach begründet, keine Sperenzien.

Dass man Lucarellis Thriller dennoch ganz gern liest, liegt vielleicht daran, dass er erfolgreich darum bemüht ist, den Ruhm des italienischen Krimi-Genres gegen die touristisch inspirierten Exponate der Externen zu mehren. Und das auch noch am ungewohnten Ort, Bologna statt Venedig, Siena oder Florenz, das hat doch was – übrigens auch eine schöne Stadt.

Carlo Lucarelli: Bestie. Thriller. Aus dem Italienischen von Karin Fleischanderl. Folio Verlag, Wien und Bozen 2014. Zuerst gedruckt auf: literaturkritik.de (12/2014)

Am Abgrund

James Ellroy zeichnet in „Perfidia" ein ernüchterndes Bild von der Polizeiwelt der USA: eine macht- und geldgeile Gesellschaft, für die Mord nur die Demonstration ihrer Willkürherrschaft ist.

James Ellroy schreibt bereits seit Jahren an dem, was man früher eine Sittengeschichte der amerikanischen Gesellschaft und insbesondere der amerikanischen Polizei genannt hätte. Dass es dabei kein gutes Zeugnis für das Amerikanische geben würde, kann jeder ahnen, der einigermaßen um die Genregesetze der Polizeikrimis weiß, in dem die Abgründe von Polizeiwillkür und Machmissbrauch einen großen Anteil haben. Dies ist im amerikanischen Krimi – anders als im früheren europäischen – nicht ideologiekritisch fundiert, sondern Teil der selbstreflexiven Diskussion der amerikanischen Gesellschaft über ihren Prozess der Zivilisation, der eben an den Prämissen der von Siedlern begründeten Gesellschaft ihre Grenzen findet. Grenzen, die immer wieder aufs Neue verschoben werden müssen, soll das Projekt Zivilisation nicht vollends aufgeben werden. Dass es überhaupt immer noch vorangetrieben wird, ist eines der Wunder der sogenannten offenen Gesellschaften, die im Grunde nicht minder rassistisch und chauvinistisch sein müssen als die geschlossenen oder jene, die sich offen zu totalitären Formen bekennen. Der Antikommunismus und Rassismus in den USA der 1930er und 1940er Jahre steht dem Deutschlands kaum nach.

Daran arbeiten sich zahlreiche Autoren ab: Dennis Lehane, Richard Price, James Ellroy, ja eben auch Upton Sinclair oder Jack London zu ihrer Zeit – denn das Skandalon, das darin begründet ist, dass eine Gesellschaft, die sich auf Freiheit gründet, die des Andersdenkenden nicht achtet, ist bis heute unbegreiflich. Dennoch sind es gerade solche offenen Gesellschaften, und es sind gerade die USA, die darin nicht aufgehen, sondern den langwierigen Prozess durchlaufen, in dem aus einer chauvinistischen eine faire Gesellschaft wird, in denen es immer noch ungeheure Gewaltausbrüche gerade von Seiten der staatlichen Behörden gibt und die dennoch mit der Verheißung verbunden werden, dass hier dann doch das Land der Freiheit sein soll.

Das bedeutet aber immer auch, dass gegen das moralische Gesetz dessen, der immer alles besser weiß, das Recht gesetzt wird, das auf die körperliche Unversehrtheit, das auf einen fairen Prozess setzt. Und das auf die Pflicht, dass ein Rechtsverstoß eben auch nachgewiesen wird, nicht verzichten will. Das bedeutet auch, dass die Unmittelbarkeit, die in dem Recht des Einzelnen auf Waffenbesitz und -anwendung abgebildet wird, ihre Grenzen finden muss. Und diese Grenzen werden – so ist zu hoffen – mehr und mehr verschoben, bis eben Gewalt selbst soweit zurückgedrängt ist, wie es sich für eine zivilisierte Gesellschaft gehört, die nicht der Macht gehorcht, sondern dem Recht. Denn das ist die andere Seite des Unmittelbarkeitsprinzips der Moral, dass sie nämlich tatsächlich nur der Büttel der Macht ist, die sich ihrer bedient.

James Ellroy hat „Perfidia" genau an einem Orientierungspunkt der US-amerikanischen Selbsterhebung platziert, nämlich an den Überfall der japanischen Marine auf den Stützpunkt Pearl Harbor am 7. Dezember 1941. In der Nacht vor dem Überfall wird eine in Los Angeles lebende japanische Familie tot aufgefunden, ein ritueller Selbstmord, wie es auf den ersten Blick scheint. An der Ermittlung beteiligt sind zwei Polizisten namens Lee Blanchard und Dudley Smith und ein Ermittler namens Hideo Ashida. Hinzu kommt ein weiterer Polizist mit Namen William H. Parker. Es dauert nicht lange, bis es klar ist, dass der Selbstmord der japanischen Familie inszeniert war. Ein Mehrfachmord.

In der aufgeheizten Atmosphäre nach dem Überfall auf Pearl Harbor kommt das nicht gut an. Zwar geht jeder japanischstämmige Amerikaner, der sich auf die Straße wagt, das Risiko, vom aufgebrachten Mob gelyncht zu werden. Um seine Souveränität zu wahren, will das Polizeidepartment aber seine Überparteilichkeit demonstrieren, und fordert einen Schuldigen bis zu Jahresende, gegen den Anklage erhoben werden soll. Wenn es denn kein echter sein kann, dann wenigstens einer, der die Todesstrafe für einen solchen Mord verdient. Sollte der wirklich Schuldige je herauskommen, werde man sich seiner auf andere Weise entledigen.

Die Handlung entwickelt sich auf 900 Seiten und den folgenden drei Wochen zu einem Machtkampf zwischen Smith und Parker, die beide die starken Männer auf der Departmentebene sind. Dabei spielt eine Reihe weiterer Polizisten, Politiker, Ermittler und eine junge Frau, die mit einem der Polizisten lebt, Kay Lake, verschiedene ergänzende Rollen. Das Ganze ist als Verwirrspiel angelegt, das den Fokus auf Genauigkeit und Unübersichtlichkeit legt. In der Tat werden die Aktivitäten der einzelnen Akteure derart detailliert beschrieben, dass ihre antagonistischen Wirkungen sich ungehemmt entfalten können. Eine bessere Demonstration gruppensoziologischer Prozesse kann man sich kaum denken.

Das aber ist nur die eine Seite des Romans: Die andere ist die hemmungslose Gewaltversessenheit seines Personals, der ungefilterte Rassismus seiner Akteure – eine Miniaturausgabe der großen Machtpolitik mit denselben Typen und denselben Auswirkungen, nur eben in kleinerem Maßstab. Dass in einem solchen Konglomerat so etwas wie Recht nur Fassade ist, erfüllt die Erwartungen. Hier schlägt das Pendel massiv zur anderen Seite aus, hier spielt auch nicht mehr Moral irgendeine Rolle, sondern nur noch die Überlegung, wie Chancen besser realisiert werden können. Moral ist dabei ebenso ein Hindernis wie Recht. Wenn denn da nicht der Gedanke wäre, dass in einer solchen Szenerie die Moral sich ihrer Oberfläche entledigt hat und mit ihrem wahren Kern erscheint: Gewalt, die von bestimmten Einzelnen ausgeht.

James Ellroy: Perfidia. Aus dem Amerikanischen von Stephen Tree. Ullstein, Berlin 2015. Zuerst gedruckt auf: literaturkritik.de (1/2016)

Der Apparat frisst seine Kinder

Dominique Manottis bemerkenswerter Polizeikrimi, und mehr als das: „Einschlägig bekannt“

Dass der französische Kriminalroman vor allem in der Tradition der „serie noir“ außergewöhnlich gute, intellektuell vergnügliche und in der Inszenierung radikale Bücher hervorgebracht hat, ist hinreichend bekannt. Dominique Manotti bestätigt das mit fast jedem ihrer Romane, die jetzt von „ariadne“ – dem Kriminalableger des Argument-Verlags – in Deutschland verlegt werden.

Man wird zurecht aus einem solchen Verlag keine Krimis erwarten dürfen, in denen der Status quo und seine Restituierung fröhliche Urständ feiert. Der Verlag Wolfgang Haugs, dessen Einführungen ins Kapital an der Freien Universität Kultstatus hatten, von Frigga Haug, die für die radikale feministische Literaturwissenschaft mindestens als Katalysator enorme Wirkung hatte, wird wohl nie Bücher machen, in denen man lediglich das Gruseln lernen kann. Es sei denn, das Gruseln vor Machtmissbrauch, extremer Gewalt und den Folgen eines ungerechten Wirtschaftssystems wären als Ziele eines großen Unterhaltungsromans allgemein anerkannt.

Zweifelsohne hat eine melancholisch angehauchte Kulturkritik, in der der Niedergang der zivilisierten Welt wortreich beklagt wird, auch im Kriminalroman Konjunktur. Auch der Kapitalismus und seine Repräsentanten können in ansonsten biederen Krimis ganz schön mies aussehen: Spitzenmanager und die Elite der nationalen und internationalen Unternehmerschaft neigen, wie wir erfahren können, zum Beispiel zum Kindesmissbrauch. Wer reich ist ... Naja, das kennen wir. Aber eine systematische Kritik wird daraus nicht, und als links lassen sich solche Romane auch nicht bezeichnen, dazu ist es viel zu beliebig geworden (und deshalb harmlos), auf das einzuprügeln, was man Kapitalismus nennt.

Manotti ist von anderem Kaliber und schließt sich dabei an die guten Traditionen radikaler französischer Krimis an. Und sie ist klug genug, den Simplifizierungen früherer radikaler Literaturansätze zu entgehen. Keine vorbildlichen Helden, kein Vorschein auf das Reich der Freiheit, kein Sieg, kein Happyend, aber eben auch keine Sündenböcke und Opfer, die sich für den gerechten Kampf hingegeben haben. Stattdessen nichts anderes als ein komplexes Spiel, in dem die Guten noch lange nicht die Guten sind und erst recht nicht für ihr Tun belohnt werden. Eine der wichtigsten Einsichten Manottis ist, dass sich verdeckte Aktivitäten nie wirklich beherrschen lassen, zumal dann nicht, wenn Gewalt im Spiel ist.

In „Einschlägig bekannt“ ermittelt Noria Ghozali (einschlägig bekannt) gegen eine Polizeitruppe im Weichbild Paris, die es nicht gerade genau nimmt mit dem, was in der normalen Welt Gesetze genannt wird. Die Polizisten prügeln und huren herum, sie erpressen und kassieren von den Prostituierten, die sie außerdem in ein Parkhaus zwangsumgesiedelt haben. Alles, was arabischstämmig oder nordafrikanisch aussieht, ist verdächtig, wird verprügelt und massiven Repressalien ausgesetzt. Einer der Polizisten, und noch der harmloseste unter ihnen, lässt einen jungen Mann in den Knast wandern, weil der zufällig in der Nähe war, als er in einem Handgemenge zufällig eine Kollegin zusammentritt. Statt zu dem Unfall zu stehen, wird eine Attacke junger Araber daraus und ein Unschuldiger muss hinter Gittern.

Die Chefin des Reviers will natürlich mehr, sie will eine saubere Vorstadt, und das heißt, radikale Senkung der Verbrechensrate, die Rückzugsorte für Exilanten und Dealer sollen geräumt werden. Dass das zufällig auch dem Interesse einer Gruppe krimineller Potentaten entspricht, die auf ihren Immobilien dringend neue Projekte bauen wollen (kriminelles Geld muss ehrlich werden), ist wahrscheinlich nur Zufall. Wenn es denn so etwas wie Zufall überhaupt gibt.

Manotti entwirft eine rasante Geschichte voller Widersprüche und Brüche, die sich mit ihrem Beginn und unter tatkräftiger Mithilfe aller Protagonisten abwärts neigt. Je mehr sich die Beteiligten bemühen, den Gang der Verhältnisse zu steuern und zu bewältigen, desto extremer werden die Konsequenzen. Schließlich ist kaum noch etwas des Geschehenden zu kontrollieren oder zu steuern. Eine Aktion folgt auf die nächste, die Reaktionsgeschwindigkeiten steigen und am Ende steht ein moralisches und juristisches Desaster, das niemand hätte verhindern können.

Der Polizeiapparat tut alles, um jede Krise zu überstehen. Er übersteht jede Lüge und jedes Geheimnis, und er übersteht auch die Polizisten, die auf die andere Seite wechseln, ohne je den Sitzplatz zu wechseln. Spätestens dann, wenn sie niemand mehr braucht, werden sie ans Messer geliefert. Wer solch konsequente Krimis liebt, ist mit Manottis „Einschlägig bekannt“ bestens bedient. Und bedient werden ist viel wert.

Dominique Manotti: Einschlägig bekannt. Aus dem Französischen von Andrea Stephani. Argument, Hamburg 2011. Zuerst gedruckt auf: literaturkritik.de (12/2011)

Gut und Böse

Gut und Böse

Lawrence Block nimmt sich jede Menge Zeit

Dass die Guten nicht immer die Guten sind, und die Bösen mitunter auf der richtigen Seite stehen, wissen wir bereits. Wozu hätten wir sonst die vielen Krimis gelesen, wenn wir nicht wenigstens das gelernt hätten? Hilft es im wirklichen Leben? Sicher, nämlich immer dann, wenn es darum geht, ein paar angenehme Schmökerstunden zu verbringen, denn unklare Verhältnisse haben immer den Vorteil, besonders amüsant zu sein. So auch in diesem Fall.

„Matt, der immer nur zuhört" – ein trockener Alkoholiker und Ex-Cop – wird von seinem Freund und praktizierenden Gangster Mick Ballou um Hilfe gebeten, weil zwei seiner Jungs in einem Lagerraum beim Verladen von Whisky erschossen worden sind. Die beiden Leichen werden verscharrt, Matt macht sich an die Arbeit und findet nichts heraus. Nun, für einen Privatermittler ist das kein wirklich vorzeigbares Ergebnis, aber Matt hat angekündigt, dass er sich nur ein wenig umhören wird, und wenn er nichts findet, dann wars das eben. Matt will nicht in Konflikt mit dem Gesetz kommen, denn er kann sich denken, dass Mick die Täter nicht der Justiz ausliefern wird, wenn er schon die Opfer nicht der Polizei meldet. Mick hat akzeptiert. Matt ist auf dem Weg zu ihm, um ihm sein Ergebnis und seine Entscheidung mitzuteilen, als ihn zwei schwere Jungs anhalten und ihm eine Lektion verpassen. Er soll die Finger von dem Fall lassen, sonst riskiert er sein Leben.

Das wars dann also. Matt, der immer nur zuhört, nimmt einem der beiden, die ihn überfallen haben, die Pistole ab und trägt sie ab dann mit sich herum. Das ist auch bitter notwendig, wie die folgenden Ereignisse zeigen: Einer seiner engen Freunde wird erschossen, weil man sie beide verwechselt hat, als er mit Mick in ihrer Stammkneipe sitzt, mähen zwei Attentäter alle Gäste mit einem Schnellfeuergewehr und einer Bombe nieder. Mick und Matt entgehen dem Anschlag nur knapp. Aber jetzt nehmen sie Fahrt auf. Sie fragen intensiver nach, wer hinter der ganzen Sache stecken könnte. Ein, zwei kleine Tipps kommen auch. Aber wer hinter dem allen steckt, bleibt lange offen. Nur ein Zufall und ein guter Zeichner helfen den beiden weiter. Und als dann endlich klar ist, wer die Angriffe beauftragt hat, ist es auch nicht mehr weit bis zum gewaltigen Showdown, in dem dann an Gewaltfeuerwerk abgebrannt wird, was abzubrennen ist.

Lawrence Block siedelt seinen Gangster-Roman im New Yorker Milieu des späten 20. Jahrhunderts an (das amerikanische Original stammt aus dem Jahr 1998). Die Gangster alter Schule sind zu kleinen und mittelständischen Gewalttatsunternehmern mutiert, die sich an ein paar Regeln halten, die ihnen das Überleben sichern. Aber vor diesem New Yorker Milieu macht die Modernisierung ebenso wenig halt wie vor anderen gesellschaftlichen Segmenten. Alles wird größer, schneller, regelloser und gewalttätiger. Das Überleben sichert sich nur, wer schneller, regelloser und brutaler ist. Kein Wunder also, dass Matt und Mick vermuten, dass jemand Mick aus dem Geschäft drängen will. Bandenkrieg im New York der Neunziger? Böse Sache. Dass am Ende ein anderer Grund hinter allem steckt, sei hier nur angedeutet.

An dieser knappen Skizze ist bereits zu sehen: Blocks Werk ist von besonderer Güte: Der plot ist knapp geschnitten und klar gehalten. Er wird konsequent durchkonstruiert und er lebt davon, dass er in sich geschlossen und plausibel wirkt. Bemerkenswert ist freilich vor allem, wie Block seine Erzählung von Matt und Mick vorantreibt. Denn er verwickelt die beiden miteinander und mit anderen immer wieder in seitenlange Gespräche, in denen die Handlung nicht weitergetrieben, sondern reflektiert wird. Ist es richtig eine Waffe zu tragen? Wäre es besser, von der Bildfläche zu verschwinden? Welche Jacke sollte Matt anziehen, damit seine Waffe im Holster nicht zu sehen ist? Welche Rolle spielte Jim, der statt Matt erschossen wird, im Leben Matts? Was ist für einen trockenen Alkoholiker ein Erfolg? All das sind Fragen, die beantwortet werden müssen und die im Text beantwortet werden.

Die Erzählung scheint in dieser Zeit in ihrer Bewegung zu verharren. Während die Figuren reden, geschieht nichts, nur wenn sie damit aufhören, geschehen die Morde, mit denen das Umfeld Micks beseitigt werden solle. Block nimmt sich für seine Dialoge unerhört viel Zeit. Sie mäandern gelegentlich sogar ein bisschen, wie Gespräche unter Freunden und Paaren eben mäandern, wenn man sich gut kennt und sich die Unkonzentriertheiten erlaubt, die unter Vertrauten möglich sind. Es dauert also nicht lange, bis ein Leser zum vertrauten Dritten wird, der an all dem teilnimmt, was Matt und Mick widerfährt. Auch an der großen Schießerei am Ende – die zumindest wir Leser ungeschoren überleben werden. Ob die Guten dann immer noch die Guten sind und die Bösen die Bösen, wird sich zeigen.

Lawrence Block: Verluste. Roman. Deutsch von Katrin Mrugalla. Funny Crimes, Shayol-Verlag, Berlin 2008. Zuerst gedruckt auf: literaturkritik.de (6/2008)

Und noch eins

Erzählerische Ökonomie ist nicht Sache von C. J. Box, und Gerechtigkeit ist eine blutige Angelegenheit, dennoch liest man „Blutschnee“ mit einigem Vergnügen

Die Berge im Nordwesten der USA sind berühmt und berüchtigt. Hoch, im Winter sehr sehr kalt, und mit sehr wenig Menschen. Dafür gibt es wohl noch einiges an Wildtieren, die in Europa erst wieder aus Russland einwandern müssen. Überhaupt ist der Nordwesten der USA so etwas wie die Idee einer unberührten Berglandschaft, und gerade das macht ihn so besonders attraktiv. Die Natur spielt eine eigene, manchmal eher unangenehme Rolle, Menschen hindern und das Romanpersonal ist rar, Fremde sind eben fremd und wenn dann mal was passiert, dann geht es auch richtig zu Sache, extrem, blutig und grausam, alles was ebenso zur Natur passt. Was ja sowieso zum eher unzivilisierten Nordamerikaner gehört, soweit er sich ins Landesinnere zurückzieht und nicht internationale Politik macht (war ein Scherz).

In diesem Szenario hat C. J. Box seinen Helden Joe Pickett samt Familie platziert. In den Bighorn-Mountains ist Pickett Jagdaufseher, er muss sich um die Jagd und die Jagdsünder kümmern, was heißt, er sorgt dafür, dass jeder genau so viel Wild jagt, wie er darf, wenn mehr, dann gibt es eine Strafe. Er beobachtet Wild, und kümmert sich um die Bereinigung der Wildschäden, die gerade in den strengen Wintern bei den Farmern der Umgebung zunehmen. Pickett ist ein ruhiger Mann und beständig. Seine Familie, drei Kinder und seine Frau, schätzt das, und auch sonst ist er ganz angesehen in der Region. Mit dem Sheriff klappt es nicht ganz so gut, aber Repräsentanten zweier verschiedener Institutionen und Behörden sind sich in den USA ja nie grün, wie wir aus zahlreichen Krimis wissen.

Pickett nun gerät in einen spektakulären Mordfall samt einbrechendem Winter: Auf einer seiner Patrouillen stöbert er einen Jagdfrevler auf, der statt des einen erlaubten eine ganze Herde Wapitis niederschießt. Der Jagdfrevler ist allerdings nicht irgendwer, sondern ein Beamter der Bundesforstverwaltung, der aus irgendeinem Grund durchzudrehen scheint. Pickett verhaftet den Mann, der kann entfliehen, und als Pickett ihn endlich wieder stellen kann, ist er von zwei Pfeilen an einen Baum genagelt und außerdem wurde ihm die Kehle durchschnitten. Der Mann stirbt auf der Fahrt ins Tal.

Schnell schaltet sich eine Sonderermittlerin der Forstverwaltung in die Ermittlungen ein, die wegen Gewalt gegen Bundesbehörden ermittelt und eine konzertierte Aktion behauptet. Einen Verdächtigen gibt es auch bald, der Mann jedoch streitet nicht nur den Mord ab. Er bittet Pickett, ihm zu helfen. Die Sonderermittlerin sei wahnsinnig usw., was man glauben kann oder nicht. Pickett glaubt ihm und die Ermittlung beginnt. Und das auf klassische Weise: Pickett wird aus allen Unternehmungen von Sheriff und Sonderermittlerin rausgehalten, er gerät zudem besonders unter Druck, als seine Stieftochter von der leiblichen Mutter zurückgeholt wird und just in dem Camp haust, das als Hort des Verbrechens angesehen wird. Eine Gruppe, die sich die „Souveränen" nennt, fährt einen strikten Anti-Regierungskurs und hat sich im Forst auf einem Campingplatz niedergelassen. Als nun der erste Verdächtige ausscheidet, ist die Gruppe dran, auf die sich Sondermittler, ein FBI-Kommando und der Sheriff einschießen – im wahreren Sinn des Wortes.

Das Ganze wird zum Desaster, wie zu erwarten, nur die Verantwortlichen wissen sich zu drücken, wie man gleichfalls erwarten darf. Das ist allerdings ohne Pickett gedacht, der dies mit größtem Nachdruck zu verhindern versucht, und dabei, dank der Hilfe eines gewaltbereiten Freundes auch erfolgreich. Ein weiteres Mal, in dem die Gerechtigkeit über den Apparat siegen muss, und ein weiteres Mal, in dem der Gerechte das Gesetz nicht brechen darf und sich deshalb eines eigenmächtigen Gesetzesbrechers behilft.

Das ist bedenklich und eigentlich gar nicht zu beschönigen, aber dabei kann man es auch belassen, denn Box' Erzählung ist vor allem durch ihr überbordende Fülle bemerkenswert, nicht für ihre intellektuelle Qualität. Wo sich die meisten Krimis damit begnügen würden, den wahren Täter (Mord 1) zu entlarven, geht Box noch viel weiter und baut einer weitere Geschichte um seine Geschichte. Das wird wie ein Haus, das über Generationen immer neuen Bedürfnissen angepasst wurde, und dagegen kann man nichts sagen, weil es so ungemein praktisch ist. Außer eben, dass weniger auch mehr hätte sein können. Aber nicht im Falle Box', in dem das Mehr eben auch mehr Lektüre ist und die ist unterhaltsam.

C.J. Box: Blutschnee. Thriller. Aus dem Amerikanischen von Andreas Heckmann, Heyne, München 2011. Zuerst gedruckt auf: literaturkritik.de (1/2012)

Das mythische New York

Jerome Charyns elfter Roman um den New Yorker Cop Isaac Sidel ist auf Deutsch erschienen, was es zu feiern gilt. „Unter dem Auge Gottes“ zeigt die nicht nachlassende stilistische Kraft Charyns

Der literarische Geschmack mag sich mit den Jahren und den zahlreichen Lektüren ändern, die ein Leserleben ansammelt. Dennoch gibt es einige Konstanten, die bleiben. 30 Jahre gibt es Charyn nun auf Deutsch – und keines seiner Bücher, keiner seiner Sidel-Romane war ein Flop für die Leser. Nun hat Thomas Wörtche Charyn verlegerisch unter seine Fittiche genommen (nicht ohne Konkurrenz), „Unter dem Auge Gottes“ erscheint so nicht mehr im Rotbuch-Verlag, den Charyns Romane lange Jahre geziert haben (nachdem sie von Heyne und Claassen betreut wurden), sondern bei Diaphanes in Berlin und Zürich.

Und Charyn ist zweifellos ein Solitär im Krimi-Genre, wie sie im so vielfältigen amerikanischen Markt ja nicht so selten sind. Elmore Leonard, Don Winslow oder der 2010 verstorbene Robert B. Parker zeugen davon, dass es auch Jahrzehnte nach Hammett und Chandler noch außergewöhnliche Autoren und Texte gibt. Und unter ihnen ist Charyn vielleicht der sprachmächtigste, nie nachlassend und keineswegs auf den leichten Sprachwitz Leonards aus – gegen den damit nichts gesagt sein soll. Charyn schreibt sehr ernsthaft, und das will etwas heißen in einem Genre, das sich der leichten Unterhaltung verschrieben hat. Thema ist von Anfang an – seid „Blue Eyes“ und „Marylin The Wild“ – ein mythisches New York, in dem die Grenzen zwischen Recht und Kriminalität nie wirklich gezogen wurden, in dem Moral keine Existenzberechtigung hat, Mord und Gewalt hingegen als basso ostinato allen Handelns allgegenwärtig sind. Das ist keine schöne, friedliche Welt, in der man gerne leben würde (oder auch nur seinen Kaffee trinken). Hier geben Mafiosi, Geldleute und korrupte Politiker den Ton an. Diese Welt hat Könige und Königinnen, Herrscherinnen, denen ganze Kolonnen von kriminellen Handlangern zu Füßen liegen.

Ihre Welt ist ein New York, das sich in den heutigen Hochglanzbroschüren und Reisemagazinen nicht (mehr) finden lässt. Das New York bis in die achtziger Jahre, in denen Charyns neuer Roman spielt, war dreckig, heruntergekommen und voller Ruinen. Vor allem die Bronx war das Vorzeigeobjekt einer Stadt, die sich selbst aufgegeben zu haben schien. Das Produkt einer Subkultur, die die Ausbeutung auf ein neues, radikales Niveau gehoben hatte. Bestimmt von einer Elite, die Geld, Einfluss und Grundstücke sammelte, die Geschäft machen wollte, ohne Rücksicht auf die Verluste anderer. Die aber zugleich selbst so ruinös lebte, dass es ein Wunder war, wenn ihre Exponenten das nächste Wochenende überlebten.

Unter ihnen ist Isaac Sidel das missing link zwischen Ober- und Unterwelt. Er lebt in beiden Welten, er kämpft in beiden Welten, nicht um eine gerechtere Welt, nicht darum, die Bösen zu strafen, er kämpft stattdessen um eine angemessene Balance zwischen den Mächten, die die Welt beherrschen. Eindeutige Verhältnisse gibt es hier nicht, statt dessen ein Ringen um Vorherrschaft, in dem nie klar wird, wer auf welcher Seite steht. Nicht einmal die Seiten sind klar definiert.

Bemerkenswert ist das vor allem deshalb, weil der ganze moralische Schmuh, der viele Krimis belastet, hier völlig fehlt. Sidel, die Zentralfigur der elf Romane, ist keineswegs der Protagonist des Rechtssystems oder der Rächer der Enterbten, auch wenn seine Sympathien zweifellos denjenigen gelten, die unter den Machenschaften der diversen Eliten leiden. Und auch alle Psychologie fehlt: Charyns Figuren folgen allen Obsessionen, die man sich vorstellen kann, aber sie tun dies, weil es so ist, wie es ist. Es gibt keine Begründung, keine Ausdifferenzierung, keine Entwicklung. Da Charyn in seinen Sidel-Romanen Mächte aufeinander prallen lässt, sind Menschen bestenfalls Metaphern, Träger von Aktionen, aber keine lernenden Systeme (was wohl eine der Mythen der Gegenwart ist). Die haben in einer mythischen Welt auch keinen Platz. Hier agieren Prinzipien, Konzepte und Neigungen.

Gebäude gehören dazu – das Ansonia in diesem Fall, dem Charyn eine hymnische Beschreibung zukommen lässt –, historische Personen – in diesem Fall der Ziehvater Sidels und seines Gegenspielers Daniel Pearl, Arnold Rothstein, der im Ansonia mit seiner Geliebten Inez lebte, bis er zu Fall kam. Pearl, der minderjährige Buchhalter, wird der Erbe Rothsteins, lebt im 17. Stock des Ansonia, heruntergekommen und in den abgelegten Klamotten Rothsteins, hält sich eine Wiedergängerin Inez‘ in einem Inez-Museum, kauft Bronx-Grundstücke auf und plant seinen großen Coup.

In dieser Welt agiert Sidel, wie es ihm zusagt und wie in Trance. Er bewegt sich zwischen den Fronten, ohne Schaden zu nehmen, er folgt seinen Neigungen, ohne Rücksicht auf irgendetwas, nicht einmal auf sich selbst. Es ist denn auch weniger ein einzelnes Verbrechen, das den Roman bestimmt und die Handlung vorantreibt, sondern ein Bündel an Motivationen und Missetaten, unter denen das Initialvergehen beinahe untergeht. Wahrscheinlich könnte Jerome Charyn auch einen Roman um Isaac Sidel schreiben, in dem es um ein geklautes Schnitzel geht, und das Ergebnis wäre immer noch von ungeheurer Wucht.

In diesem Fall gerät Sidel an eine Horde von Militärs, die in die Bronx der achtziger Jahre Vermessungsarbeiten vornehmen. Das stört den Noch-Bürgermeister der Stadt – zumal niemand ihm sagen kann, was da eigentlich vorgeht. Also marschiert Isaac Sidel los, und ist nicht mehr aufzuhalten. Am Ende steht ein Komplott von Militärs, die einen Stützpunkt mitten in der Bronx bauen wollen, auf Land, das Pearl aufgekauft hat – ein Militärstützpunk mitten in der Bronx. Das hört sich absurder an als ein Angriff auf die Twin Towers. Aber wer redet hier von Absurditäten?

In elf Romanen ist Sidel vom einfachen Straßencop mit dem Ticket der Demokraten zum Bürgermeister New Yorks aufgestiegen und zum Vizepräsidenten der USA, dessen Vereidigung kurz bevor steht. Eine Karriere, die man nicht für möglich halten würde, zumal Sidels Weste keineswegs rein ist. Wenn amerikanische Politiker bevorzugt über ihr Vorleben stolpern – Sidel ist davor gefeit. Er hat keine Geheimnisse.

Aber als Politiker ist er ebenso eine Katastrophe wie als Polizist – nur, die Leute lieben ihn. Sein Präsident ist korrupt bis in die Knochen, und er wird fallen, so dass aus dem Polizisten eben auch noch ein Präsident werden kann, der unter den Augen aller alles tun darf. Das ist ein langer Weg, und man wird gespannt sein dürfen, wie Charyn diese Geschichte weiterspinnt.

Jerome Charyn: Unter dem Auge Gottes. Ein Isaac Sidel Roman. Aus dem Amerikanischen von Jürgen Bürger. Diaphanes, Berlin, Zürich 2013. Zuerst gedruckt von: fixpoetry (2013)

Down in Texas

In James Crumleys „Land der Lügen" kann es ganz schön verwirrend sein

Die Guten müssen nicht immer die Guten sein, sie können auch schon einmal ein wenig am besseren Leben geschnuppert haben und an dem Treibstoff, den es dafür braucht: Geld. Milton Chester Milodragovitch III. ist so jemand. Der Sechzigjährige hat bei einem großen Deal eine Menge (Drogen-) Geld beiseite geschafft, das er nun nach und nach in die Legalität einschleusen muss. Dafür benutzt er eine Bar, die im Schnitt nicht ganz so viel abwirft, wie das, was dort offiziell an Umsätzen gemacht wird. Nichts für ungeduldige Zeitgenossen, diese Art der Geldwäscherei, und wahrscheinlich ist das auch der Grund dafür, dass am Ende dann doch die meisten (Krimi) Geldwäscher auffliegen. Milodragovitch, kurz Milo genannt, ist zwar gleichfalls arg ungeduldig, aber er hat ein einigermaßen taugliches Ablenkungsmittel gefunden: Er arbeitet wieder als Privatdetektiv. Das hört sich für einen so alten Kerl zwar ein bisschen so an wie Ferrari-Fahren – also unbedingt unnötig. Aber andererseits, wer wollte ihm seine diesbezügliche Vergnügungssucht anlasten, solange er andere Leute damit in Frieden lässt.

Nun lebt aber gerade der Krimi davon, dass sich Privatdetektive in anderer Leute Leben einmischen, dabei auch eine Menge einstecken und austeilen, wild um sich ballern und die Wahl zwischen einem erfüllten Sexleben (Mandantin, später aber tot), einer heroischen Enthaltsamkeit (Mandantin, später trotzdem tot) oder einem schwierigen Beziehungsleben haben (geschieden und alkoholabhängig oder zerstritten und auch alkoholabhängig). Man kann also vieles haben, aber nicht das: seine Ruhe und das Abenteuer des private eye (möglichst hard boiled).

Unser Milo ist auf der Suche nach Carol Jean, die ihrem Joe Warren entlaufen ist und ihrem Herrchen nicht wirklich zurückgebracht werden will, zumal er anscheinend kein Billard spielt (das einzige, was sie wirklich interessiert). Carol Jean stürzt sich dennoch in Milos Arme, der ihr gewissermaßen dicht auf den Fersen ist, allerdings in erster Linie, weil sie auf der Flucht vor einem riesigen Schwarzen ist (zwei Meter mindestens und fast 200 Kilo schwer), der gerade das „Over the Line" betreten hat. Enos Walker (den Namen erfahren wir später) wird kurze Zeit später mit Milo an der Bar sitzen und Whisky trinken, und Milo wird dabei zuschauen, wie Enos sich ins Büro des Geschäftsführers der Bar aufmacht, um ihn zu erschießen, weil ihm „dieser Scheiß-Duval" eine Menge Zaster schuldet (wer immer das ist). Enos Walker verschwindet, und die Geschichte beginnt.

Sie beginnt zum Beispiel damit, dass Milo im Adressbuch des Verblichenen nach „Duval“ sucht, sich den Namen auf einem größeren Briefchen Kokain notiert, um gelegentlich ein bisschen vom Inhalt zur Ermunterung einzusetzen. Es geht damit weiter, dass die Polizei Fragen nach dem Verbleib des Großteils des Kokains stellt, das wohl in Longs (so der Name des Toten) Büro zu finden gewesen sein müsste. Und man kann mit gutem Recht annehmen, dass von nun auch andere Interessenten sich diesen Fragen anschließen werden. Milo zwischen Polizei und Drogenmafia? Allein gegen den Rest der Welt? In jedem Fall wird mit dieser Konstellation eine rasante Handlung in Gang gesetzt, bei der es am Ende schwer fällt, den Überblick über die verschiedenen Parteiungen und vor allem Frontverläufe zu behalten. Unser Mittelsmann bezieht dabei eine Menge Prügel – und das ist für einen Sechzigjährigen deutlich schwerer wegzustecken als für Jüngere. Das Alter macht sich halt überall bemerkbar, auch wenn der Erzähler Milo anfangs denken lässt, dass er doch gar nicht so alt sei (Opa? Wieso Opa?). Die Knochen sind am Ende doch schon ganz mürbe. Milo jedenfalls lässt sich, je länger es dauert und je schlimmer es wird, je weniger von der Suche nach Enos Walker abhalten, der anscheinend der Schlüssel ist, mit dem die ganze verworrene Situation aufzulösen wäre. Aber auch daraus wird schließlich nichts.

Am Ende bleibt eigentlich kaum mehr als ein großer Scherbenhaufen (samt Beziehungsschaden) und ein Milton Chester Milodragovitch III., der nie wieder einen Fuß nach Texas setzen will. Anscheinend ist man ihm mächtig auf den Geist gegangen, und die Gerechtigkeit hat auch nicht gesiegt. „Wie üblich, müssen die Unschuldigen leiden, und das Böse und die Gier gedeihen jenseits aller Vorstellungskraft“, heißt es in der Auflösung. So sei es in der Welt der Romane auch in Zukunft, damit noch viele, viele Kriminalromane entstehen mögen, die es dann zu lesen gibt.

James Crumley: Land der Lügen. Roman. Deutsch von Katrin Mrugalla. Shayol, Funny Crimes, Berlin 2007. Zuerst gedruckt auf: literaturkritik.de (10/2007)

Bittere Familiengeschichten

Ein rasant erzählter Thriller von Andrew Gross

Was geschieht, wenn das FBI (also irgendein böser Polizist) eines Tages in das Büro eines Geschäftsmannes (sagen wir Goldhandel) kommt und dieses ehrenwerte Mitglied der amerikanischen Geschäftswelt beschuldigt, in führender Position daran beteiligt gewesen zu sein, das Geld der kolumbianischen Drogenmafia gewaschen zu haben? Der Mann fällt – ganz Unschuld – aus allen Wolken. Immerhin gilt er seit Jahrzehnten als ehrlicher und fairer Kaufmann in einem harten Geschäft, das aber ohne Vertrauen nicht funktioniert. Immerhin ist er ein leidenschaftlicher Familienmensch, der sich krumm macht, um seinen Lieben einen angemessenen Lebensstil zu ermöglichen. Das Beste ist eben gut genug. Sein ganzes Büro ist voll von Fotos der Familie, jede freie Minute, von denen es nicht viele gibt, verbringt er mit ihr. Dass seine Versessenheit biografische Ursachen hat, ist offensichtlich, zumindest für seine Kinder, denn Vater hat seinen Vater früh verloren, er ist mit der Mutter zugewandert aus Spanien und hat sich mit harter Arbeit das erworben, was er heute als das Seine zählt (eine Geschichte wie aus Degenhardts „Wenn der Großvater erzählt"). Und seine Familie dankt es ihm. Die älteste Tochter – ein wenig kränkelnd – macht eine naturwissenschaftliche Karriere, die jüngere ist eine begabte Sportlerin, der Sohn – von dem man noch am wenigsten erfährt – zeigt nicht einmal die pubertätsüblichen Grausamkeiten junger Männer. Die Familie ist wohlhabend und wohlgelitten. Ein fester Bestandteil der guten Gesellschaft.

All das, der Wohlstand, die soziale Einbindung, der Status, das gesamte bisherige Leben wird binnen weniger Stunden so vollkommen zerstört, dass nichts mehr davon übrig zu bleiben scheint. Diese rasante Zerfallsprozess macht nicht einmal vor der Familie halt, denn der Frau und Kinder sind fassungslos ob der Ereignisse und Veränderungen, die über sie hinwegrollen. Und alle Schwüre des Vaters und Mannes, das an den ganzen Anschuldigungen überhaupt nichts dran sei, können nichts daran ändern, dass die Familie ihm die Schuld gibt.

Kein Zweifel – über einen großen Teil der Romans –, dass das FBI hier jemanden zum Knüppel gegen die Mafia machen will, der sich nicht dagegen wehren kann. Weil, jeder hat immer irgendetwas falsch gemacht. Über die Jahre gibt es immer die eine oder andere leichtsinnige Entscheidung oder einen nicht ganz so koscheren Kontakt. Niemand, der so exponiert ist, wie Benjamin Raab, ist davor gefeit, in den Knast zu wandern. Schuld ist ein so dehnbarer Begriff. Scheint es. Was also macht Raab? Er macht einen Deal mit dem FBI, sagt gegen seine früheren Geschäftspartner aus, kommt mit einer kurzen Strafe davon, seine Familie geht ins Zeugenschutzprogramm. Ein Jahr später ist zwar so etwas wie Normalität eingekehrt, aber der Schaden, den das FBI einmal angerichtet hat, ist nicht mehr gut zu machen.

Allerdings nimmt Andrew Gross' Thriller eine merkwürdige und überraschende Wendung. Denn der Kronzeuge verschwindet, kurz nachdem er aus der Haft entlassen wurde. Eine FBI-Beamtin wird gefoltert. Auf die älteste Tochter, die ihr normales Leben weiterleben will, wird ein Anschlag verübt. Als sie und ihre Mutter sich treffen, um endlich über die Wahrheit zu reden (welche Wahrheit?), wird die Mutter erschossen. Die Anzeichen mehren sich, dass nichts von dem so ist, wie es früher schien, vor allem nicht, was das frühere Familienleben angeht. Ein Foto im Familienfundus ist der erste Hinweis, weitere folgen. Eine Familie wird demontiert, und das mithilfe eines völlig anderen Familienlebens, das einer völlig anderen, entgegengesetzten Moral gehorcht.

Gross' Plot funktioniert offensichtlich über einander ergänzende Modi: über die Zerstörung von allzu harmonischen Familienbildern, über die Polarität von Wertungen und über das Überschreiben eines Verhaltensmodells durch ein anderes. Dabei gehorchen beide derselben sozialen Grundfigur, der Familie. Allerdings spielt er dabei mit den verschiedenen Varianten, in denen Familie auftauchen kann, mit der attraktiven und harmonischen Wohlstandsfamilie, mit dem aggressiven und kriminellen sozialen Schutzverband, der zur Not auch seine eigenen Mitglieder opfert, um zu überleben, und mit dem Paar, das über Vertrauen und Treue gebildet und nur darüber zusammengehalten wird. Mit einiger Mühe findet sogar die moderne Patchwork-Familie ihren Ort in der Erzählstruktur. Was das angeht, ist Gross' Familienthriller äußerst konsequent bis in die feinen Verästelungen seiner Geschichte. Dabei wählt er eine Erzählweise, die die Atemlosigkeit, in der die Geschichte vorangetrieben wird, abbildet und, mehr noch, unterstützt. Das ist, sagen wir es so, bemerkenswert.

Andrew Gross: Blut und Lüge. Thriller. Aus dem Amerikanischen von Susanne Goga-Klinkenberg. Scherz, Frankfurt/M. 2007. Zuerst gedruckt auf: literaturkritik.de (12/2007)

Eine Übung in Sachen Balance

Dennis Lehane hat „Mystic River" zu verantworten und zeigt auch mit „In der Nacht", was er kann. Zu berichten ist von einem Lesevergnügen

Kriminalromane eignen sich hervorragend dazu, über gesellschaftliche und persönliche Verhältnisse lautstark nachzudenken und sich dabei außerordentlich gut zu unterhalten. Da geht es um Begehren, Männer und Frauen, um Väter und Söhne und um ihre Töchter, es geht um Gier, um Geld, um Macht, um Angst, Gewalt und nicht zuletzt darum, dass die Gewalt nie endet, bis sie ausbalanciert ist. Auch Recht und Gerechtigkeit sind ständige Themen in Kriminalromanen, Erkenntnis, Wahrheit und Moral kommen hinzu. Alles, was so ein ordentliches Leben und eine hinreichend hinreißende Welt mit sich führten, ist eben auch in Kriminalromanen zu finden.

Dass dem so ist, ist nicht weiter verwunderlich, denn der Verstoß gegen die Ordnung ist genau der Punkt, an dem erkennbar wird, was das eigentlich ist. Und so häufen sich die Romane, die eben nicht nur von Verbrechen und Verbrechern erzählen, sondern auch davon, was es ist, das die Welt vorantreibt, und die Leute darin genauso. Was eben auch heißt: Nicht die Ordnung ist wahre Schönheit, sondern das, was sie zu zerstören droht, um am Ende doch wieder, wenn auch seine eigene Balance zu erreichen. Womit wir beim Thema wären: Balance.

Die Gewalt und deren Ausbalancierung ist ein zentrales gesellschaftliches Thema. Gerechtigkeit ist dafür unsere zentrale Kategorie, deren ältere Fassung aber zeigt, wohin die Reise geht, wenn von Gerechtigkeit die Rede ist, nämlich in Richtung Vergeltung, ja Rache. Das rührt auch an jene Taten, die noch fern der Gewalt sind und nur als Regelverstöße auftreten. Auch sie müssen ausgeglichen werden und stehen nie für sich allein – ein System, das sich nahtlos an die Überlegungen von Marcel Mauss zur Ökonomie des symbolischen Tausches anschließt. Wer gibt, dem wird gegeben. Die Gabe erfordert immer die Gegengabe, damit der eine dem anderen nichts schuldig ist. Gewalt hingegen erzeugt beim Ausübenden den Zwang, Ersatz zu leisten (und beim Opfer oder seinen Angehörigen die Vergeltung).

Schuld ist kein moralischer oder rechtlicher Begriff, sondern ein sozialer: Sie muss immer getilgt werden, ansonsten ist die Welt selbst und ihre Ordnung gefährdet. So lautet ungefähr die Botschaft, die der Vater Coughlin dem missratenen Sohn Joe mit auf den Weg gibt. Joe, Sohn des stellvertretenden Polizeichefs von Boston, wählt nicht die angestammte Polizistenlaufbahn, sondern die des Gesetzlosen, der sich selbst seine Regeln gibt. Das ist ein wenig klischeehaft, wie selbst die ständige Frage, ob Joe noch Gesetzloser oder schon Gangster ist, ein wenig dräut. Auch scheint die Geschichte des Joseph Coughlin, genannt Joe, der in den späten 1920er und frühen 1930er Jahren zu einer großen Nummer im organisierten Verbrechen aufsteigt, und das auch noch überlebt, anfangs ein wenig abgedroschen. „In der Nacht" ist nicht die erste Mafia-Geschichte, die im Krimi erzählt wird, und sie wird nicht die letzte sein.

Die Kunst, die Lehane freilich versteht, ist aus dieser alten und oft erzählten Geschichte neue Funken zu schlagen. Denn dieser Joe Coughlin ist nicht einfach nur ein Draufgänger – das ist er auch und anfangs ganz besonders. Er ist auch ein Getriebener und ein leidenschaftlicher Mann. Lehanes überbordendes, sich immer wieder selbst neu erfindendes Erzählen weiß diese Geschichte immer weiter voranzutreiben, mit einer erzählerischen Ökonomie, die bei manch anderem für deutlich mehr Geschichten gereicht hätte. Hier aber wird aus dem Übermaß eine übermächtige Erzählung. Lehane jedenfalls legt das Zepter des souveränen Erzählers – scheint's – nie aus der Hand.

Darin ähnelt er seinem Helden, dessen Entscheidung für die kriminelle Laufbahn einem zutiefst romantischem Motiv entspringt, dem Wunsch nach einem besonderen Leben, das sich mit Halbheiten und Gewohnheiten des Durchschnittslebens nicht zufrieden geben will. Deshalb beginnt er Zeitungsbuden abzufackeln und überfällt Banken oder Pokerrunden. Ein nietzscheanisches Leben, das stets am Abgrund balanciert. Sein Vater lässt ihn als angeblichen Polizistenmörder fast totschlagen, seine Füße werden gelegentlich in Beton eingegossen, Messer oder Kartoffelschäler werden in seinen Leib gerammt. Joes Leben ist immer in Gefahr, und er ist selbst bereit, es anderen so heimzuzahlen, wie sie es ihm gegönnt haben.

Dass sich das alles irgendwann ausgleichen wird, will er nicht wissen. Aber er zahlt. Seine erste große Leidenschaft hält er lange Jahre für tot. Seine zweite, eine revolutionäre Kubanerin, ist die Zeche dafür, dass Joe jenes eine Mal übertrieben hat, zu viel gezeigt und zu tief verletzt hat. Sie ist nicht das Opfer eines rivalisierenden Mafia-Clans, sondern eines Vaters, dessen Tochter zu tief gefallen ist.

Wo es um Leidenschaft geht, um Begehren, und darum, ein richtiges Leben zu führen, wird eben auch mit der großen Münze gezahlt. Hier agieren bedeutende Leute und sie konkurrieren um große Güter. Der Alkohol – das Ganze ist natürlich auch eine Prohibitionsgeschichte – ist dafür nur eine Oberfläche, ein Trägerstoff für eine Geschichte, die aufs Ganze soll und geht. Es wundert dabei auch nicht, dass aus dem unfertigen, getriebenen zwanzigjährigen Jüngling, der gegen seinen Vater rebelliert, eben nicht nur eine regionale Mafia-Größe wird, die auf dem Höhepunkt ihres Erfolgs beseitigt werden soll.

Unter der Hand wird aus dem Kampagnenfürst, der Joe bei seiner Ankunft im Südwesten der USA noch ist, ein Herrscher, der mit aller Umsicht und Gewalt über sein Reich zu gebieten versteht. Die große Aufgabe ist es nicht, das Reich zu erobern, sondern seine Herrschaft zu verstetigen, wie der Roman weiß. Und Joe Coughlin gelingt dies, auch weil er zu rechten Zeit nicht der Gier, sondern der Klugheit folgt. Er gibt zurück, was man ihn hat holen lassen, und erhält sich selbst dafür zurück. Zumindest scheint das so zu sein.

Der Schluss – der Vorschluss muss man sagen – ist dann schon fast ein Idyll im vorrevolutionären Kuba, eine kleine Seitengeschichte vom gerechten Herrscher, der die Seinen ernährt – bevor er dann am Ende doch zahlen muss. Es sind nicht die Toten, die den Preis zahlen, sondern die Überlebenden.

Dennis Lehane: In der Nacht. Romane. Aus dem Amerikanischen von Sky Nonhoff. Diogenes, Zürich 2013. Zuerst gedruckt auf: Fixpoetry (1/2014)

Die Gerechtigkeit siegt

Krimis vom Reißbrett

Michael Connellys gelingt ein intelligenter Gerichtskrimi

Gerichtskrimis wie Gerichtsfilme kranken meist an den Beschränkungen, die ihnen Raum und Ausstattung auferlegen: Ein Angeklagter, ein Verteidiger, ein Kläger, ein Richter, Geschworene. Ansonsten nur Nebenfiguren. Der Handlungsraum ist im Wesentlichen auf den Gerichtssaal beschränkt. Darüber hinaus gibt es wenig, außer dem Verbrechen und den Strategien, der dafür gebührenden Strafe zu entgehen, was dem Ganzen Spannung einzuhauchen vermag. Es sind die immerselben Dispute zwischen Ankläger und Verteidiger, es ist die immergleiche Frage nach Schuld des Beklagten und die immerwährende Reflexion darüber, wie moralisch es ist, jemanden aus der Bredouille zu helfen, der offensichtlich und tatsächlich schuldig ist. Ist also der Verteidiger nur auf das Geld seines Mandanten aus, ist er vielleicht sogar dessen Gesinnungsgenosse und profitiert damit vom Lohn des Verbrechens, wenn er ihn bestmöglich verteidigt? Oder ist er eminent wichtiger Teil des Rechtssystems.

In Michael Connellys „Der Mandant" werden diese Fragen selbstverständlich immerwährend gestellt, von den Polizisten, denen der Strafverteidiger Mickey Haller begegnet und die den immerselben Witz über Welse und Strafverteidiger erzählen (einer von beiden suhlt im Dreck und säuft ihn, der andere ist ein Fisch, haha), um damit ein für allemal klar zu machen, dass sie Strafverteidiger wenigstens so moralisch verwerflich finden wie die Verbrecher selbst. Oder vom Helden der Geschichte selbst, der sich immer wieder danach befragt, was er hier eigentlich tut und ob er das mit sich selbst verantworten kann. Er kann und er wird.

Dass dies allerdings teuer bezahlt wird, mit Zynismus, mit Langeweile, mit den vergeblichen Versuchen, die zahllosen Dealer und Prostituierten, die er verteidigt, von ihrer schrägen Bahn abzubringen, wird gleichfalls schnell erkennbar. Haller hat dabei ein Menschenbild, das überraschend sympathisch ist und in dem auch die Kleinkriminellen nur das tun, was ihnen beigebracht worden ist, und die Chancen nutzen, die sie tatsächlich haben. Das bedeutet zwar nicht, dass sie damit keine Schuld auf sich laden würden, hilft aber – wie die Musik, die sie hören – sie besser zu verstehen (und damit verteidigen zu können). Zum anderen aber hat Haller den Anspruch, einen Unschuldigen (ja, sie sind alle unschuldig) erkennen zu können, wenn er ihn sieht.

Spätestens mit dem Anspruch aber geht er kräftig baden (sehr kaltes Wasser). Louis Ross Roulet scheint einer dieser Unschuldigen zu sein, dennoch steckt sein Hals schon fast in der Schlinge. Eine Prostituierte, die er geschlagen und bedroht haben soll, schafft es ihn ihrerseits niederzuschlagen. Die ermittelnden Polizisten nehmen den Sohn einer reichen und erfolgreichen Immobilienmaklerin fest. Alles scheint klar, eine hohe Haftstrafe wartet auf Roulet. Haller soll ihn rauspauken. Und er scheint es zu schaffen. Zu sicher sind die ermittelnden Polizisten, hier ihren Täter zu haben, zu wenig Wert legen sie auf eine gediegene Beweiskette. Wenig Überraschendes also kündigt sich an – aber wenn die Sicherheit am größten, sind es eben auch Überraschungen. Denn der offensichtlich Unschuldige scheint es doch nicht so sehr zu sein. Anscheinend ist sein Vergangenheit nicht so friedlich, wie er vorgibt. Und auf einmal ist Haller selbst bedroht, spätestens nachdem sein Ermittler mit seiner Pistole erschossen worden ist.

Mit dieser Wendung aber gewinnt Connellys Roman an enormer Qualität. Unter amerikanischen Krimiautoren gilt die Fähigkeit, einen plausiblen und zugleich überraschenden Plot zu entwerfen als eines der wichtigsten Qualitätsmerkmale. Das führt gelegentlich dazu, dass die Verkettung diverser Umstände, die zur Tat und schließlich zu ihrer Aufklärung führen, auch schon wie auf dem Reißbrett entworfen erscheinen. Der Nebeneffekt ist, dass die Handlung leb- und farblos wirken kann. Connelly hat diesen Mangel vermeiden können. Die Grundidee, nämlich den Strafverteidiger in ein unentrinnbares Dilemma zu führen, indem der gegen seinen Mandanten ermitteln muss (was er nicht darf und aufgrund seiner Erpressbarkeit nicht kann), scheint eine solche Reißbrettidee zu sein. Es gelingt Connelly aber, diese Idee derart gekonnt umzusetzen, dass am Ende ein spannungsreicher Krimi dabei herauskommt. Dass er dabei die moraltriefende Schwarzweißsicht von „Vergessene Stimmen“ (2006 auf deutsch erschienen) vermeidet, trägt zur Qualität des Textes bei. Er wird dadurch ehrlicher und realistischer, schlichtweg besser. Natürlich gewinnen am Ende die Guten und der Bösewicht geht ins Gefängnis und nicht über Los, der Held hat Erkenntnisgewinn en masse (zum Beispiel, dass er Ex-Frau und Kind immer noch liebt und von ihnen geliebt wird). Aber solche simplen Standards kann man gelten lassen, wenn der Rest stimmt. Und das tut er.

Michael Connelly: Der Mandant. Roman. Aus dem Amerikanischen von Sepp Leeb. Heyne, München 2007. Zuerst gedruckt auf: literaturkritik.de (11/2007)

Seitenwechsel

Michael Connelly lässt seinen Helden Mickey Haller die Seiten wechseln, was man als Übung in Standpunktwechsel verstehen kann, aber nicht nachlesen muss. „Spur der toten Mädchen" ist kein Glanzstück des Gerichtskrimis

Selbstverständlich, man kann alles gut finden, anders kämen die ganzen Geschmacklosigkeiten nicht in die Welt, die leider existieren. Aber wer sich drüber erhaben fühlen will, ist auch nur arrogant. Sei es drum. Zugestanden also, wer sich von knapp 500 Seiten Gerichtsverhandlungsnacherzählung unterhalten fühlt, dem sei es gegönnt, aber das macht „Spur der toten Mädchen" nicht zum guten Krimi.

Besser wird das allerdings auch nicht dadurch, dass der Titel bereits eine falsche Fährte legt – tote Mädchen kommen nicht wirklich vor, und eine Spur zu ihnen legt auch Connelly nicht offen. Der Klappentext schließt sich dem nahtlos an, denn auch wenn der Bösewicht dieses Krimis einmal nachts vor dem Haus des Ermittlers parkt (der eine Tochter im Alter des vormaligen Opfers des Killers hat), die Handlungslinie, die der Klappentext eröffnet, wird nicht entwickelt. Vorher wird der Mann umgelegt, was einen nach alledem kaum wundern kann. Denn dass er schuldig ist, ist von Anfang an klar, spätestens seitdem Mickey Haller, der sonst als Strafverteidiger vom Rücksitz seines Towncars aus agiert, als zeitweiliger Staatsanwalt angeworben wird. Seine Aufgabe: Den zu wiederholenden Prozess gegen einen wegen Kindermord verknackten Mann zu führen und ihn wieder in den Knast zu bringen.

Die Alternativgeschichte, der Hebel, den jeder Strafverteidiger suchen muss, um die Anklage ins Leere laufen zu lassen, ist von Beginn an kraftlos: Die Spermaspuren, die auf dem Kleid des ermordeten Mädchens gefunden werden, stammen nicht von demjenigen, der für den Mord ins Gefängnis gegangen ist. Der Prozess muss wieder aufgenommen werden. Die Erklärung, dass die Spuren, die zum Verurteilten führten, von der Polizei gelegt wurden und dass der eigentliche Mörder der Stiefvater ist, wird die ganze Zeit über vom Text dementiert. Dass die Staatsanwälte nicht daran glauben – okay, aber die Erzählung selbst lässt dieses Alternativszenario nicht zu, obwohl im Laufe der Handlung herauskommt, dass der Stiefvater die ältere Schwester des Opfers missbraucht hat.

Dieser Abzweigung, die die Handlung nehmen könnte, stellt Connelly eine andere Linie entgegen, in der vermutet wird, dass der Übeltäter keine überhastete Einzeltat verübt hat, sondern bei einer altbewährten Masche gestört wurde. Ein

Serientäter also, der für eine Tat verurteilt wird, ohne Wissen von den anderen.

Das Ergebnis ist denn auch ziemlich schnell klar: Der Bösewicht ist der Bösewicht, und wenn er ins Gefängnis zurückmuss, ist der Gerechtigkeit Genüge getan. Aber natürlich muss noch mehr geschehen, und es geschieht auch. Denn der Advokat des Bösen geht an seiner eigenen Unwahrhaftigkeit bitter zugrunde. Die Lüge wird eben nicht nur entdeckt, sie wird auch noch mit der größten Strafe überhaupt, die ein Krimi kennt, geahndet: Der Verteidiger stirbt von der Hand seines Mandanten.

An dieser Stelle ist Connelly Krimi zwar schon fast ganz vorbei – aber es gab nie einen Zweifel daran, dass das Ganze so böse enden wird. Also wird auch hier nichts verraten. Dass hier so gut wie nichts im Dunklen bleibt, hängt nicht zuletzt damit zusammen, dass Connelly so ziemlich alles erzählt, was es an Bewegung und Aktivität in der Handlungszeit geben mag. Jede Überlegung, jede Unterhaltung wird wiedergegeben. Lediglich die Überlegungen und Gespräche der anderen Seite bleiben ausgeschlossen.

Ansonsten weiß ein Leser jederzeit Bescheid, was die drei Ermittler auf der Seite des Volkes von Kalifornien so tun und denken. Die wenigen Suspense-Einstreusel sind halbherzig und von einem einigermaßen erfahrenen Krimileser voraussehbar. Außerdem ist es ein wenig unerquicklich, so ziemlich jedem Seufzer zu folgen, den irgendwer auf dieser Seite des Tresens tut. Der Roman plätschert vor sich hin und simuliert bestenfalls das, was man Spannung nennen kann. Da hilft auch nichts, dass Connelly Teile seines Romans von einem Ich-Erzähler vortragen lässt, während der Rest deutlich neutraler erzählt wird. Das reicht nicht für ein modernes Buch, wenn ansonsten nur müde Konversationen notiert werden.

Mit anderen Worten, Connellys Roman ist arg selbstgewiss und moralisch, dabei sehr konstruiert und vorhersehbar. Es tut zwar nicht weh, das Buch ganz zu lesen (immerhin hofft man noch auf eine unvorhergesehene Wendung), aber Krimi-Lesen soll ja auch nicht weh tun, oder?

Michael Connelly: Spur der toten Mädchen. Thriller. Aus dem Amerikanischen von Sepp Leeb. Knaur Taschenbuch Verlag, München 2011. Zuerst gedruckt auf: literaturkritik.de (4/2012)

Aufbauarbeiten

Nick Brownlees Kenia-Krimi zeigt, wie man sich aus der Korruptionsfalle befreit

Dass der afrikanische Kontinent nicht nur eines der Sorgenkinder der internationalen Politik (und Wirtschaft) ist, steht dem nicht entgegen, dass Afrika zugleich auch als Hinterhof der Industriestaaten angesehen wird, den man ohne Zögern und Rücksicht ausbeuten, und in dem man eben auch seine gar nicht mehr so guten Seiten zeigen darf. Die Konsequenzen: Armut, Korruption, Gewalt und eine Abwärtsspirale, die durch nichts aufgehalten werden kann. So scheint es wenigstens.

Die Selbstheilungskräfte des Kontinents, aber auch die Schuld, die eben nicht zuletzt die Industriestaaten an dem Desaster Afrika tragen, werden immer wieder beschworen. Und Nick Brownlee hat daraus ein sogar einigermaßen spannend zu lesendes Kriminallehrstück gebastelt. Korruption bekämpft man, in dem man nicht korrupt ist. Gewalt, indem man die Korruption bekämpft. Rechtsverhältnisse führt man ein, indem man dem Recht Geltung verschafft, was allemal ein hohes Gut ist, spätestens seitdem in den Medienerzählungen der Industriegesellschaften das Rechtssystem abgeschafft werden soll, indem sie es in Namen der Gerechtigkeit außer Kraft gesetzt wird.

Aber soweit sind wir im fiktionalen Afrika Brownlees noch nicht. Hier herrschen noch Gewalt und Korruption in einem Maße, dass es keinen Unterschied macht, ob jemand einen Fisch oder einen Menschen ausnimmt, solange dafür hinreichend viel bezahlt wird.

Und damit beginnt Brownlees „Mord in Mombasa“: Auf einem Boot, das für Angelausflüge benutzt wird, wird ein Weißer von einem Afrikaner ausgenommen, im Auftrag eines anderen Weißen, der offensichtlich eine Rechnung mit dem Opfer offen hat. Aber auch der junge Schwarze überlebt sein Opfer nicht lange, wird er doch von seinem Auftraggeber samt Opfer in die Luft gesprengt. Auf hoher See eine Bestattung ersten Grades.

Die Geschichte könnte damit schon aufhören, denn die Behörden erklären die Bootsexplosion nach kurzen, eher oberflächlichen Ermittlungen zum Unfall. Die Akte soll geschlossen werden, und würde es, wenn es nicht einen Polizisten gäbe, der seine Arbeit ernst nimmt. Daniel Jouma schöpft Verdacht und nimmt seine Suche auf, unterstützt von dem aus England zugewanderten ehemaligen Polizisten Jake Moore, der sich mittlerweile – eher schlecht als recht – sein Geld als Bootsverleiher und Ausflugskipper verdient. Die Tochter des geschlachteten Opfers kommt schließlich noch hinzu, und das so gebildete Ermittlungsteam kommt einem groß angelegten Handel mit jungen Mädchen auf die Spur, dessen Betreiber eben nicht nur in Afrika zu suchen sind, sondern eben auch in den USA und Europa. Afrika liefert die „Rohstoffe", die Industrieländer nehmen sie ab und verbrauchen sie.

Das kriminelle Netzwerk hat die gesamte Küste Kenias, am Indischen Ozean gelegen, im Griff. Bestechungsgelder und die notwendigen Drohungen lassen die Geschäfte ungestört verlaufen. Solange, bis Jouma und Moore als entscheidende Störfaktoren dazu kommen. Sobald sie die Ermittlungen aufnehmen, zerreißt das Netzwerk und liefert die darin Verwickelten nach und nach der gerechten Strafe aus.Dass sich auch die Vorgesetzten Joumas unter den korrupten Polizisten befinden, macht dabei dessen Arbeit nicht ungefährlicher. Das Ganze eskaliert schließlich, als der amerikanische Hintermann des internationalen Mädchenhandels nach Kenia kommt, um die Sache selbst in die Hand zu nehmen – was, wie man sich denken kann, am Ende vor allem zu seinem eigenen Tod führen wird. Das Recht und in diesem Fall auch die Gerechtigkeit siegen.

Das aber ist der einzige Vorwurf, den man Bronwlee machen kann, denn Recht und Gerechtigkeit siegen vielleicht etwas zu schnell und reibungslos. Denn es braucht nur einen renitenten schwarzen Polizisten und einen weißen Ex-Bullen, um das anscheinend schon Jahre funktionierende System zu zerstören. Ganoven bringen Ganoven um, um dann von ihren ehemaligen Kumpanen umgebracht zu werden. Beweise finden sich ohne weiteres und werden keineswegs schnell zur Seite gebracht. Ersatzleute für die Verluste auf der Ganovenseite werden angeheuert, ohne dass sie groß ausprobiert werden – und dabei hätte man sich denken können, dass es nicht genügt, jemanden finanziell unter Druck zu setzen, damit er dann alles, eben alles tut. Schwache Genossen so etwas. Und so geht dann am Ende alles seinen guten Gang, sogar das finanziell schwache Unternehmen Jakes erhält eine neue Investorin – wer das wohl sein soll? Und die Bösen bekommen ihre gerechte Strafe. So soll es sein.

Nick Brownlee: Mord in Mobasa. Thriller. Aus dem Englischen von Wibke Kuhn. Knaur Taschenbuch Verlag, München 2009. Zuerst gedruckt auf: literaturkritik.de (10/2009)

Nachwort

Die vorliegenden Kritiken über Kriminalliteratur gehen auf eine langjährige Beschäftigung zurück, die ihre publizistischen Spuren hinterlassen haben, zuerst gelegentlich im JUNI Magazin und zu verschiedenen Anlässen, seit 2005 regelmäßig für literaturkritik.de und zwischenzeitlich zwei Jahre auch für fixpoetry.de. Seitdem sind an die 400 Besprechungen entstanden – zu sehr vielen guten, noch mehr mittelmäßigen und einer Reihe von schlechten Texten.

Im Verlauf der letzten zehn Jahre haben sich bei der Lektüre der Krimis verschiedene Themen herauskristallisiert, die in den Besprechungen immer wieder in den Vordergrund gestellt wurden.

Dazu gehört die Eigenschaft des Verbrechens, vor allem aber seiner Königsdisziplin, des Mordes, das Grundparadigma des 20. und wohl auch 21. Jahrhunderts zu erfüllen, die Tat. Das Verbrechen ermöglicht es dem Bewohner dieses Jahrhunderts, sich über alle Abstrakta und alle Systeme hinwegzusetzen und zur Unmittelbarkeit selbst zurückzukehren. Im Mord wird der moderne Mensch Tatmensch, was den Eifer, mit dem er im Krimi gepflegt wird, wohl erklärt.

Das zweite Thema, das im Krimi zentral ist, sind seine heuristischen Verfahren. Im Krimi soll eine Tat, deren Effekt, der Tote, der Ermordete, zweifelsfrei zu erkennen ist, auf ihren Verursacher zurückgeführt werden. Dazu haben sich im Laufe des letzten Jahrhunderts zwei Verfahren entwickelt, das kausal-heuristische und das hermeneutische. Im heuristischen Verfahren werden Motive und Möglichkeiten untersucht und so arrangiert, dass sich daraus ein wahrscheinlicher Täter ableiten lässt. Das hermeneutische Verfahren setzt auf Interpretation und soziale Interaktion, nicht auf eine Kausalitätskette, die unanfechtbar wäre. Das kausale Verfahren, dessen Urvater Arthur Conan Doyle ist, ist geradezu durch seine Asozialität geprägt. Es versucht, Ableitungsketten herzustellen, also eine Tat von ihrem Schlusspunkt zu ihrem Ausgangspunkt hin zurückzuverfolgen, ohne nach Motiven oder Gelegenheiten zu fragen. Relevant ist allein, was am Platz vorfindbar ist. Dies ist insofern optimistisch, weil dieses Verfahren Möglichkeiten ausschließen muss, um zu vermeintlichen Tatsachen zu kommen. Dass eine Spur zum Ursprung der Tat führt, ist zwar argumentativ abzuleiten, aber im strengen Sinn nicht zu beweisen. Dass dies Krimis (und vielleicht auch Strafgerichte) anders sehen, ändert nichts daran.

Das dritte Thema nun handelt vom Verhältnis zwischen Gerechtigkeit und Recht. Das ist insofern für die modernen Gesellschaften relevant, als sie die Ausbalancierung zwischen der Ordnungsstörung, als die ein Verbrechen beschrieben werden kann, und deren Rekonstituierung auf den Staat und dessen Institutionen verlagert hat. Das Rechtssystem spricht Recht, nicht (mehr?) der jeweils betroffene Einzelne oder dessen direktes soziales Umfeld, Familie oder Freundeskreis. Damit wird die Rechtsprechung jedoch derart weit weg verlagert, dass überhaupt nicht mehr nachvollziehbar wird, ob denn überhaupt dem Recht gedient wird. Das Recht wird abstrakt, oder es Gerechtigkeit walten lässt, kann niemand mehr sagen. Das wird noch stärker, wenn dann – aus gut nachvollziehbaren Gründen – Anforderungen wie Nachweisbarkeit einer Täterschaft oder Rücksichten auf Täterrechte ins Spiel kommen. Dann liegt der Eindruck nahe, dass das Rechtssystem dysfunktional ist, mit anderen Worten, dass es der Gerechtigkeit im Wege steht. Was ist also naherliegender, als das Recht selbst in die Hand zu nehmen? Das ist schneller, gerechter, befriedigender und effektiver. Auge um Auge, Zahn um Zahn. Bleiben nur ein paar Probleme, die unter anderem den Zusammenhalt der Gesellschaft nachhaltig stören.

In zahlreichen Krimis wird das Verhältnis von Recht und Gerechtigkeit erzählerisch gestaltet. Es werden für Konstellationen, in denen das Verhältnis von Recht und Gerechtigkeit gestört zu sein scheint, Lösungen gesucht. Der Gerechte sieht sich in seinem Verlangen nach Gerechtigkeit nicht befriedigt – also sucht er selbst seinen Weg, bis hin zu den finalen Taten, in denen der Täter gerichtet wird, zum Teil – und da wird's erst richtig interessant – von den Repräsentanten des Rechtssystems selbst.

In der Tat gibt es eine Tendenz im Krimigenre, die Tat nicht nur aufzuklären, sondern auch den Täter zur Rechenschaft zu ziehen. Das ist jeweils unterschiedlich gelöst, manchmal dreist und ohne Rücksicht auf Verluste, manchmal ironisch oder durch Zweifel gebrochen, manchmal müssen auch die Erzählung oder das Geschehen die Verantwortung dafür übernehmen, dass der Täter am Ende zu Fall kommt. Auffallend ist nur, dass sie nicht mehr dem Rechtssystem überantwortet werden.

Die vorliegende Sammlung von Besprechungen, die thematisch gegliedert ist, versucht über die Texte hinweg ein Denk-, Argumentations- und Handlungsschema zu umreißen, das sich im Krimigenre insgesamt erkennen lässt. Naheliegend sind die Besprechungen auf die jeweiligen Texte hin konzipiert. Die beiden Leitthemen Recht und Gerechtigkeit werden hier immer wieder, gelegentlich auch redundant angesprochen und diskutiert, immer auf den Text und seine Darstellung fokussiert. Daraus lässt sich im Nachhinein keine zusammenhängende Argumentation konstruieren. Aber der Kontext, in dem sich die Texte bewegen, wird erkennbar.

Die Auswahl der Texte aus den Manuskripten und ihre Anordnung hat Ines Schubert übernommen, die auch alle Texte durchgesehen und zusammengestellt hat. Irrtümer und Fehler gehen dennoch zu meinen Lasten. Die Texte sind im Vergleich zu den Originalpublikationen überarbeitet und verändert worden, um unnötige Wiederholungen oder Anachronismen zu tilgen, Fehler zu tilgen, stilistische Mängel zu beheben und die Lesbarkeit zu verbessern.

Berlin, im September 2016

Anhang

Besprochene Texte

Atkinson, Kate: Das vergessene Kind. Roman. Aus dem Englischen von Annette Grube. Droemer, München 2011.

Block, Lawrence: Verluste. Roman. Deutsch von Katrin Mrugalla. Funny Crimes, Shayol-Verlag, Berlin 2008.

Borrmann, Joseph: Wer das Schweigen bricht. Pendragon, Bielefeld 2012.

Borrmann, Mechtild: Mitten in der Stadt. Pendragon, Bielefeld 2009.

Bottini, Joseph: Der kalte Traum. Roman. Dumont, Köln 2012.

Box, C.J.: Blutschnee. Thriller. Aus dem Amerikanischen von Andreas Heckmann, Heyne, München 2011.

Brownlee, Nick: Mord in Mobasa. Thriller. Aus dem Englischen von Wibke Kuhn. Knaur Taschenbuch Verlag, München 2009.

Charyn, Jerome: Unter dem Auge Gottes. Ein Isaac Sidel Roman. Aus dem Amerikanischen von Jürgen Bürger. Diaphanes, Berlin, Zürich 2013.

Connelly, Michael: Der Mandant. Roman. Aus dem Amerikanischen von Sepp Leeb. Heyne, München 2007.

Connelly, Michael: Spur der toten Mädchen. Thriller. Aus dem Amerikanischen von Sepp Leeb. Knaur Taschenbuch Verlag, München 2011.

Connelly, Michael: Vergessene Stimmen. Ein Harry-Bosch-Roman. Aus dem Amerikanischen von Sepp Leeb. Heyne, München 2006.

Crumley, James: Land der Lügen. Roman. Deutsch von Katrin Mrugalla. Shayol, Funny Crimes, Berlin 2007.

Dahl, Arne: Dunkelziffer. Kriminalroman. Aus dem Schwedischen von Wolfgang Butt. Piper, München, Zürich 2010.

Dexter, Pete: Paris Trout. Roman. Aus dem Englischen von Jürgen Bürger. Liebeskind, München 2008.

Einzlkind: Billy. Roman. Insel Verlag, Berlin 2015.

Ellroy, James: Perfidia. Aus dem Amerikanischen von Stephen Tree. Ullstein, Berlin 2015.

French, Tana: Grabesgrün. Kriminalroman. Aus dem Englischen von Ulrike Wasel und Klaus Timmermann. Scherz, Frankfurt/M. 2008.

Gross, Andrew: Blut und Lüge. Thriller. Aus dem Amerikanischen von Susanne Goga-Klinkenberg. Scherz, Frankfurt/M. 2007.

Gross, Rainer: Kettenacker. Pendragon, Bielefeld 2012.

Hill, Reginald: Rache verjährt nicht. Roman. Aus dem Englischen vn Ulrike Wasel und Klaus Timmermann. Suhrkamp, Berlin 2013

Jaumann, Bernhard: Die Stunde des Schakals. Roman. Kindler, Reinbek bei Hamburg 2010.

Kanon, Joseph: Stadt ohne Gedächtnis. Roman. Aus dem Amerikanischen von Rudolf Hermstein. Karl Blessing Verlag, München 2005.

Krajewski, Marek: Festung Breslau. Ein Kriminalroman mit Eberhard Mock. Aus dem Polnischen von Paulina Schulz. Deutscher Taschenbuch Verlag, München 2008.

Lehane, Dennis: In der Nacht. Romane. Aus dem Amerikanischen von Sky Nonhoff. Diogenes, Zürich 2013.

Lucarelli, Carlo: Bestie. Thriller. Aus dem Italienischen von Karin Fleischanderl. Folio Verlag, Wien und Bozen 2014.

Manotti, Dominique: Einschlägig bekannt. Aus dem Französischen von Andrea Stephani. Argument, Hamburg 2011.

Meyer, Deon: Der Atem des Jägers. Thriller. Aus dem Englischen von Ulrich Hoffmann. Rütten & Loening, Berlin 2007.

Nesbø, Jo: Der Erlöser. Kriminalroman. Aus dem Norwegischen von Günther Frauenlob. Ullstein, Berlin 2007.

Nicol, Mike: Payback. Thriller. Aus dem südafrikanischen englisch von Mechthild Barth. Btb, München 2011.

Parker, Robert B.: Der stille Schüler. Ein Fall für Spenser. Übersetzt von Frank Böhnert. Pendragon, Bielefeld 2007.

Peace, David: 1974. Roman. Aus dem Englischen von Peter Torberg. Liebeskind, München 2005.

Persson, Leif GW: Der sterbende Detektiv. Roman. Aus dem Schwedischen von Lotta Rüegger und Holger Wolandt. Btb, München 2011.

Rankin, Ian: Mädchengrab. Roman. Aus dem Englischen von Conny Lösch. Manhattan/Goldmann, München 2013.

Schirach, Ferdinand von: Tabu. Roman. Piper, München/Zürich 2013.

Smith, Roger: Kap der Finsternis. Roman. Aus dem Amerikanischen von
Jürgen Bürger und Peter Torberg. Tropen, Cotta, Stuttgart 2009. 20

Stokoe, Matthew: Empty Mile. Aus dem Amerikanischen von Joachim Körber. Arche, Zürich, Hamburg 2013.

Turow, Scott: Befangen. Roman. Aus dem Amerikanischen von Ulrike Wasel und Klaus Timmermann. Karl Blessing Verlag, München 2008.

Weiss, Thomas: Tod eines Trüffelschweins. Steidl, Göttingen 2007.

Wilson, Robert: Stirb für mich. Thriller. Deutsch von Kristian Lutze. Page&Turner / Wilhelm Goldmann, München 2013.

Verlagsanzeigen

Adam Kuckhoff & Peter Tarin:

Strogany und die Vermissten

«Selbst die blutigste Sensation stumpft ab, wenn sie alltäglich wird. Und so erweckte in Petersburg das unerklärliche Verschwinden von Mitgliedern der ersten Gesellschaftskreise im Winter 1909/1910 größeren Widerhall als die politischen Attentate.»

«Strogany» (1941) ist wohl der ungewöhnlichste deutschsprachige Kriminalroman, der während des Zweiten Weltkriegs veröffentlicht wurde: die Autoren waren Mitglieder der Widerstandsgruppe «Rote Kapelle», und schmuggelten zahlreiche zeitkritische Passagen in den Text. Es blieb der einzige Krimi um Sergej Pawlowitsch Strogany, den Petersburger Sherlock Holmes: 1942 geriet Adam Kuckhoff in die Fänge der Gestapo, ein Jahr später wurde er hingerichtet. Auch sein Ko-Autor Peter Tarin überlebte den Krieg nicht.

ebooknews press
ISBN 978-3944953434
Euro 13,90

Ralph Gerstenberg:
Grimm und Lachmund
(Henry-Palmer-Trilogie 1)

«Abgesehen von einigen Mumien hatte ich noch nie einen toten Menschen aus der Nähe gesehen. Und jetzt lag in meinem Bett eine tote Frau. Eine ermordete Frau!»

Henry Palmer hilft einer jungen Polin aus einer Notlage. Am nächsten Tag liegt sie tot auf seinem Sofa – ermordet. Nicht nur die Kripo ermittelt, auch der Bruder der Toten stellt unbequeme Fragen. Henry flüchtet in die WG seines alten Kumpels Theo Trepka. Als dort auch noch seine alte Freundin Hannah auftaucht, scheint das Chaos perfekt. Doch ohne es zunächst zu wissen, besitzt Hannah Grimm, geborene Lachmund den Schlüssel zur Lösung.

ebooknews press, ISBN 978-3944953281, Euro 8,90

Ralph Gerstenberg:
Ganzheitlich sterben
(Henry-Palmer-Trilogie 2)

«Was ist los, ihr seht mich an, als hätte ich jemanden umgebracht?»
«Hast du?», fragte Dimitri ernsthaft.

Mit Henry Palmer geht's bergauf. Seit sechs Wochen arbeitet er als mobiler Pizza-Lieferant. Dann nimmt er auch noch einen Job für eine Detektei an. Doch schon nach der ersten Nacht wird Henry von der Polizei verdächtigt, ein Mörder zu sein. War er zur falschen Zeit am falschen Ort? Nicht nur die Kripo interessiert sich für ihn -- er gerät ins Fadenkreuz eines Profi-Killers. Zu allem Unglück hat auch noch seine Freundin Liss einen schweren Unfall. Gibt es da einen Zusammenhang?

ebooknews press, ISBN 978-3944953359 Euro 8,90

Ralph Gerstenberg:
Hart am Rand
(Henry-Palmer-Trilogie 3)

«Er ist weg», sagte Theo, schüttelte das Glas und blickte traurig in die trübe Flüssigkeit. «Wer?» «Mein Vater.»

Berlins Mitte boomt: Henry Palmer arbeitet als „Location Scout". Privat trauert er seiner großen Liebe nach. Aufheiterung verspricht das Wiedersehen mit Theo Trepka. Doch bald gibt's neuen Ärger im Kiez: Theos Vater verschwindet, Henry verliebt sich in eine Prostituierte, lernt einen skurrilen Waffenhändler kennen, und landet in einer Lokalfehde zwischen Kneipenwirten und „Tresengangstern".

ebooknews press, ISBN 978-3944953281, Euro 8,90